LE 99ᵉ RÉGIMENT D'INFANTERIE

HISTORIQUE
DU 99ᵉ RÉGIMENT
D'INFANTERIE
DE 1757 JUSQU'À NOS
JOURS

ÉDITÉ PAR
B. ARNAUD, IMP.
LYON-PARIS

HISTORIQUE

DU

99ᵉ RÉGIMENT D'INFANTERIE

Historique

du

99ᵉ

Régiment d'Infanterie

Origines

Régiment de Royal Deux-Ponts.
99ᵉ Régiment de Ligne.
99ᵉ Demi-Brigade légère.
24ᵉ Demi-Brigade légère.
24ᵉ Régiment d'Infanterie légère.
99ᵉ Régiment de Ligne.
99ᵉ Régiment d'Infanterie.

Origines du 99e Régiment d'Infanterie

Drapeaux du Régiment de Royal Deux-Ponts.

L E 99e fut, à ses débuts, un régiment à la solde du duc de Deux-Ponts (principauté située entre Sarre et Rhin). Il fut levé le 1er avril 1757, puis passa au service du roi de France Louis XV, qui l'appela Royal Deux-Ponts.

Il garda ce nom jusqu'en 1791. Conformément à un décret de l'Assemblée Constituante, il prit alors le numéro 99.

De 1793 à 1796, divers décrets d'organisation fusionnèrent les anciens régiments et formèrent de nouvelles unités qui prirent le nom de demi-brigades, c'est ainsi que le 99e fut en 1794 fondu dans les 177e et 178e demi-brigades.

Deux demi-brigades portèrent le numéro 99. La première exista de novembre 1793 à mai 1796. La seconde créée en mars 1796 disparut en 1803, époque à laquelle les demi-brigades furent remplacées par des régiments.

Le numéro 99, dès lors, n'est porté par aucun corps, mais l'historique du régiment se continue par celui du 24e léger.

Le 24e léger fut créé en 1796 sous le nom de 24e demi-brigade légère. Il prend le nom de régiment en 1803 et disparaît en 1814.

Il est formé de nouveau en 1840 et prend, en 1855, le nom de 99e régiment de ligne qu'il a dès lors gardé.

Drapeaux des 99e Demi-Brigades et de la 24e Demi-Brigade légère.

RÉGIMENT DE ROYAL DEUX-PONTS

Guerre de sept ans (1757-1763)

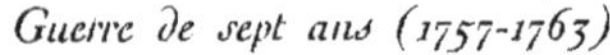

Sous le règne de Louis XV, le Royal Deux-Ponts fit, pendant la guerre de sept ans, partie de l'armée du Duc de Broglie. Parmi les batailles où il vit le feu, quatre noms sont à citer :

Bergen 1759,
Corbach 1760,
Stangerode
et Villingshausen 1761.

Fusilier
(1757-1760)

Officier et drapeau
(1760-1770)

Officier, tenue hors de service
(1776-1779)

Sergent de fusilier
(1779-1786)

Officier et drapeau
(1786-1789)

Guerre de l'Indépendance des Etats-Unis d'Amérique (1780-1783)

Grenadier
(1788-1791)

En 1780, lorsque Louis XVI se décida à envoyer des forces au secours des Américains révoltés contre la domination anglaise, Royal Deux-Ponts fut désigné avec trois autres régiments. Il s'embarqua sous le commandement du général Rochambeau et assista au siège de Yorktown.

Le 14 octobre, il se distingua à l'attaque des redoutes dans lesquelles le colonel marquis de Deux-Ponts, commandant le régiment, entra le premier. Le futur Président de la République américaine offrit en récompense au régiment trois des canons qu'il avait pris.

99ᵉ RÉGIMENT DE LIGNE

L E Royal Deux-Ponts changea son nom en 1791 en celui de 99ᵉ régiment de ligne. Il allait, pendant trois ans, prendre une part active aux nombreux combats où se formèrent les armées de la Révolution.

En 1792, l'Assemblée législative déclare la guerre à l'Autriche, puis à la Prusse. Aux revers des premiers jours succède la victoire de Valmy (20 septembre). Le premier bataillon du 99ᵉ fait partie du corps de Beurnonville qui poursuit les Prussiens.

Au combat de Blaton, à deux lieues de Condé, le même bataillon et un bataillon de l'Aisne se disputent l'honneur de charger les premiers les Autrichiens qui reculent ; le ministre Beurnonville les cite à l'ordre de l'Armée.

En 1793 l'armée du Nord, sous Dumouriez, après avoir envahi la Hollande, est battue à Nerwinden. Le 99ᵉ fait des prodiges à l'attaque du village mais l'incendie et le feu de l'artillerie le forcent à se retirer.

La même année, au mois d'août, le 1ᵉʳ bataillon passe à l'armée de la Moselle commandée par Hoche. Il s'y distingue au combat de Lebach, à la bataille de Kaiserslautern où vainement il escalade les redoutes ennemies.

Le 4 mai 1794, le 1ᵉʳ bataillon concourt à la formation de la 177ᵉ brigade.

Le 2ᵉ bataillon subsiste après lui. A la glorieuse armée de Sambre-et-Meuse, il se montre digne d'un chef tel que Jourdan. A Fleurus (26 juin), enveloppé par 10.000 Autrichiens, il se fait jour en chargeant à la baïonnette et rejoint sa division.

Il disparaît en décembre 1794, absorbé dans la 178ᵉ demi-brigade.

Ainsi, au début de la longue lutte commencée en 1792, le 99ᵉ défend les frontières du nordest. Dans toutes les parties du front qui s'étend de la mer du Nord jusqu'au Rhin, il combat l'envahisseur allemand, tantôt prussien, tantôt autrichien.

Cette épopée se renouvelle constamment dans l'histoire : nous y rencontrons les mêmes ennemis, sur les mêmes théâtres d'opérations, avec des alternatives comparables de revers et de succès, avec la même conclusion victorieuse.

Caporal de fusiliers (1791-1798)

1793 - 1796

99ᵉ DEMI - BRIGADE (première formation)

L'HISTORIQUE de la 99ᵉ demi-brigade (première formation) se confond tout entier avec les campagnes d'Italie, de novembre 1793 à mai 1796.

1794

En janvier 1794 ses trois bataillons se trouvent réunis à Sospello. Durant cette année et la suivante, la 99ᵉ demi-brigade fait partie de l'armée commandée par Dumerbion, puis par Schérer, qui opère contre les Autrichiens et les Sardes coalisés.

Sous des chefs qui s'appellent Bonaparte et Masséna, elle s'illustre en maints combats..

A Ponte-di-Nova (16 avril 1794) 1.500 Autrichiens, attaqués avec vigueur, fuient abandonnant leurs bagages. A Saorgio les compagnies d'élite attaquent la droite de l'ennemi et contribuent à la prise des redoutes de Cérèse et de Somma-Longa. Au combat de Sotta (26 mai) 15 éclaireurs de la 99ᵉ tiennent un point d'appui pendant une heure et demie sous le feu de 400 Piémontais et, par leur valeur, assurent le succès de la journée.

Le 21 septembre, après l'affaire de la Rochetta, la 99ᵉ est citée avec éloge dans le rapport du général en chef. Le nom du sergent Claude Collin, né à Saint-Nicolas, dans l'Isère, est à retenir. Détaché en patrouille avec 15 hommes, il refuse de céder le terrain à 30 Autrichiens et se trouve engagé avec 5 de ses camarades. Dans son ardeur, il saisit un ennemi au collet, mais il est blessé d'un coup de baïonnette dans le gosier et d'un coup de feu dans le dos; il se retire et perce un Autrichien de sa baïonnette. N'ayant pu dégager son fusil, il se sert de son sabre pour ouvrir le ventre à un autre assaillant et malgré ses blessures parvient à rejoindre son détachement.

1795

L'année 1795 compte dans les annales de l'Armée d'Italie. Le froid sévit en janvier et février, les privations s'ajoutent à la rigueur de la température. L'effectif de l'armée est réduit de 24.000 à 10.000 hommes. Mais les soldats montrent une résignation et une fermeté héroïques.

A la bataille de Loano (22 novembre), la 99ᵉ enlève brillamment Malsabecco et Banco. L'ennemi laisse en notre pouvoir 48 pièces de canon, 5 drapeaux, 100 caissons, de nombreux fusils.

1796

En 1796, Bonaparte prend le commandement de l'armée; il a pour lieutenants Masséna, Augereau, Lannes, Murat. Six armées autrichiennes vont être tour à tour vaincues par le jeune général.

La 99ᵉ demi-brigade est à Voltri, à Millesimo, à Montenotte.

— 6 —

A la première bataille de Dego (13 et 14 avril), s'illustre le sous-lieutenant Mouroux, qui, malgré de nombreuses blessures, escalade le premier les retranchements autrichiens. Le sergent Bajolle et 3 soldats prennent 4 drapeaux, et reçoivent 192 livres en récompense de cet exploit.

A la deuxième bataille de Dego (15 avril), le général de brigade Causse est tué, le colonel Lafons est pris, mais la 99e dégage son chef, venge son général, met les Autrichiens en fuite.

En deux jours la demi-brigade eut 42 blessés, elle perdit 22 tués et 13 prisonniers.

Le combat de Fombio (9 mai), le blocus de Pizzighettone et le combat de Borghetto furent les dernières affaires auxquelles prit part la 99e demi-brigade. Elle fut le 30 mai 1796 versée dans la 51e demi-brigade (deuxième formation).

C'est donc en Italie que la 99e demi-brigade fournit toute sa carrière. Par son rôle dans les opérations qui viennent d'être rappelées elle a contribué, depuis la fin de 1793 jusqu'au mois de mai 1796, aux premiers succès dont les conséquences finales devaient être la défaite de l'Autriche et la paix de Campo-Formio.

Ces premiers succès furent d'ailleurs brillants : quelques jours après que Bonaparte eut pris le commandement de l'armée d'Italie (27 mars 1796), la célèbre manœuvre de Montenotte mettait hors de cause l'armée piémontaise, mais celle-ci ne constituait guère qu'un corps auxiliaire de l'armée autrichienne ; aussi l'armistice de Chérasco, par lequel le roi de Sardaigne renonçait à la lutte, ne marqua-t-il aucun ralentissement dans les opérations de l'armée d'Italie.

La 99e demi-brigade lancée à la poursuite des Autrichiens de Beaulieu put, avant d'être dissoute, prendre part à la campagne de Lodi qui eut pour résultat l'entrée des Français à Milan, le refoulement dans le Tyrol de Beaulieu mis en déroute, et l'investissement de Mantoue.

Grenadier (1796)

1796 - 1803

99ᵉ DEMI-BRIGADE (deuxième formation)

EN mars 1796, une demi-brigade de deuxième formation reçut le numéro 99. Elle fut formée de la 172ᵉ et de la 123ᵉ et attachée à l'armée de Sambre-et-Meuse que commandait le général Hoche.

La 99ᵉ demi-brigade prend part à la bataille d'Altenkirchen (14 juin), au combat de Neuhof, au blocus de Mayence et à de nombreuses affaires. A partir de septembre jusqu'en avril 1798, elle reste sur la frontière, puis en 1798 ses trois bataillons sont réunis à Milan, dans la brigade Pijon et rattachés à l'armée d'Italie.

Campagne de 1799 en Italie

Une nouvelle coalition s'étant formée contre la France, l'armée d'Italie sous les commandements successifs de Schérer, de Moreau, de Joubert et de Championnet, va être forcée à la retraite, après de durs combats livrés aux troupes alliées des Autrichiens et des Russes.

La Trebbia est l'une des batailles les plus sanglantes de l'histoire. La lutte dura trois jours (19, 20 et 21 juin), 15.000 hommes de chaque côté restèrent sur le champ de bataille.

A Novi (15 août), le général Joubert parcourt les rangs en disant " Camarades, il faut vaincre ou mourir ". Il est tué à la tête d'une colonne de grenadiers. La division Victor dont fait partie la 99ᵉ fait des prodiges de valeur, mais en vain.

Les combats suivants ne sont pas plus heureux et l'Italie est perdue pour nous.

1796 - 1803

24ᵉ DEMI-BRIGADE LÉGÈRE (surnommée l'Incomparable)

L A 24ᵉ demi-brigade fut, en 1796, formée de diverses unités ayant combattu aux armées du Rhin, de la Moselle et de Rhin-et-Moselle. En Brumaire et Frimaire, An V (1797), elle fit partie de l'expédition de débarquement entreprise sans succès contre l'Angleterre. Embarquée sur le *Mucius*, la *Flûte* et la *Justine*, elle fit naufrage sur les côtes d'Irlande ; la *Flûte* et la *Justine* furent perdues corps et biens et 705 hommes furent noyés.

Les débris de la demi-brigade rejoignirent l'armée de Sambre-et-Meuse et prirent part aux combats de Neuvied et de Neuhof et au blocus de Mayence.

Campagne de 1800, en Italie

En 1800 elle se trouvait à l'armée d'Italie que le Premier Consul allait lancer à travers les Alpes contre les Autrichiens, maîtres de la Lombardie. La demi-brigade figura parmi les troupes qui franchirent le Saint-Bernard, et prit part au combat de Montebello.

Le 14 juin elle fait partie du corps commandé par Victor et défend le village de Marengo. Maintenue en seconde ligne au début de la bataille, elle entre en action après l'échec de la division Gardanne. Pendant deux heures elle conserve ses positions malgré des attaques d'infanterie et de cavalerie. L'ennemi vaincu perdit 12.000 hommes, dont 6.000 prisonniers et 4.000 tués.

La 24ᵉ demi-brigade compte de nombreuses actions d'éclat dans cette journée.

Dans une charge à la baïonnette, le chasseur Margès fait 5 prisonniers. Une heure après, il délivre six de ses camarades pris par l'ennemi.

Le sergent Chatelain enlève un canon, le caporal Bataillard, se précipitant dans les rangs de la cavalerie ennemie, tue plusieurs hommes avec sa baïonnette et fait de nombreux prisonniers.

Déjà à Montebello, le caporal Rachon s'était signalé en faisant prisonniers 12 Autrichiens ; à Marengo, il arrache trente de ses camarades aux mains des ennemis dont il force un certain nombre à le suivre. Bourrier, Busquet, quoique grièvement blessés continuent à combattre. Cinq autres soldats : Hedri, Desbordes, Fostin, Saint-Paul et Saint-Pé se distinguent également. Par arrêté du Premier Consul, tous ces braves reçurent un fusil d'honneur en récompense de leur belle conduite.

Après Marengo, les Autrichiens, en exécution de la convention d'Alexandrie, évacuaient l'Italie jusqu'au Mincio.

La 24ᵉ passe à la division Monnier du corps de Soult. En octobre, elle fait partie du corps expéditionnaire du général Dupont lancé contre les paysans toscans. A l'affaire de Marcaria (4 décembre), le capitaine Chollet reçoit un sabre d'honneur et il est cité au bulletin officiel. Même récompense est décernée après le combat de Pozzolo, au commandant Kuhn, blessé sur le champ de bataille.

La 24ᵉ termine la campagne par le siège de Vérone où la division Monnier entre le 4 janvier.

En 1801 la 24ᵉ demi-brigade prend part à l'expédition du général Lamarque en Espagne,

En 1803, elle se trouve au camp de Boulogne et fait partie de l'armée avec laquelle le Premier Consul songe à envahir l'Angleterre. C'est là qu'elle reçoit le nom de 24ᵉ régiment d'infanterie légère.

1803 - 1814

24ᵉ RÉGIMENT D'INFANTERIE LÉGÈRE

Campagne de 1805

LE 24ᵉ prend part en octobre, à la bataille de Nordlingen contre les Autrichiens. Deux mois plus tard, Napoléon bat les Russes à Austerlitz (2 décembre) où le 24ᵉ se conduit vaillamment à l'assaut du plateau de Pratzen.

Campagne de 1806

Dans la campagne contre la Prusse (1806), le 24ᵉ léger fait partie de la réserve.

Campagne de 1807

Après la campagne d'Iéna, le 24ᵉ léger prend part à la campagne de 1807 contre les Russes.

COMBAT DE BERGFRIED (3 février). — Le Pont de Bergfried était défendu par 8.000 hommes d'infanterie, 15 canons et de la cavalerie. Le maréchal Soult donne l'ordre d'attaquer. Tandis que d'autres troupes passent la rivière à gué, le 24ᵉ léger, aidé du 4ᵉ de ligne enlève le pont et prend 2 canons à l'ennemi.

COMBAT D'EYLAU (7 février). — Au combat qui précède la grande bataille du 8, le 24ᵉ charge les Russes avec tant d'impétuosité qu'il pénètre avec eux dans le village. Le maréchal Soult dans son rapport, le cita ainsi que le colonel Pourailly qui avait été blessé à la tête de son régiment. Après Lomitten (5 juin), Soult met à l'ordre les noms des capitaines Abadie et Miquet, des lieutenants Saint-Blin et Gravier.

Le 24ᵉ assiste encore au combat de Heilsberg (10 juin) et à la bataille de Friedland (14 juin), qui force les Russes à demander la paix.

Campagne de 1806 en Autriche

Pendant le début de la campagne contre l'Autriche, le 24ᵉ léger fait partie du corps de Masséna. En trois jours, il assiste à trois victoires : Abensberg, Eckmuhl, Ratisbonne (21 et 22 mai).

BATAILLE D'ESSLING. — A l'attaque du village d'Aspern, il coupe une colonne de 800 Autrichiens, la fait prisonnière en partie avec le général Weber qui la commandait et s'empare de 6 pièces d'artillerie.

BATAILLE DE WAGRAM (6 juillet). — Retranché dans l'île Lobau, après la bataille d'Essling, Napoléon, le 6 juillet, se décide à attaquer l'armée autrichienne de l'archiduc Charles qui s'était établie sur le plateau de Wagram. Le plan du général autrichien était de tourner la gauche française

— 10 —

et d'enlever le pont qui assurait ses communications avec l'île Lobau et la rive droite du Danube. Napoléon laisse le mouvement se prononcer ; puis, après avoir fait canonner le centre autrichien par une batterie de cent pièces, il l'attaque vigoureusement et coupe en deux tronçons l'armée ennemie qui fuit en déroute.

A cette journée la division Saint-Cyr à laquelle appartenait le 24ᵉ léger fut dirigée sur Aderklaa, mais devant les forces imposantes de l'ennemi, le général hésite. Masséna arrive et ordonne d'aborder l'ennemi vigoureusement. Le 24ᵉ léger et le 4ᵉ de ligne sont aussitôt formés en colonne d'attaque avec le 46ᵉ en réserve. Ils marchent sur les flancs du village, en chassent l'ennemi et, entraînés par leur ardeur, le poursuivent au-delà du chemin creux qui joint Aderklaa à Wagram et dans lequel ils eussent trouvé un abri. Les défenseurs du village, poursuivis jusqu'à leur seconde ligne, y portent l'épouvante et le désordre. Elle se rompt, se disperse et abandonne le champ de bataille. Ce succès n'est que passager, car voici les grenadiers flanqués par la réserve du prince de Lichtenstein qui rétablissent le combat. En même temps, la présence de l'archiduc Charles ranime les courages, les Autrichiens ralliés attaquent à leur tour nos régiments aventurés. Abordés de front et de flanc, ils sont rejetés sur Aderklaa.

L'archiduc dirige aussitôt contre eux le général Sutterheim à la tête de 3 bataillons de grenadiers. Alors le 46ᵉ entre en action et une sanglante mêlée s'engage à laquelle les brigades Merville et Hamer prennent part. Du côté des Autrichiens les généraux Sutterheim et Merville sont mis hors de combat ; les colonels Pourailly et Boïeldieu blessés, tombent au pouvoir de l'ennemi, nos régiments, malgré leur héroïsme, sont culbutés sur la division Molitor qui s'avance pour favoriser leur ralliement.

Campagne de 1812 en Russie

Pendant la campagne de 1812, le 24ᵉ léger fait partie du 3ᵉ corps. Il assiste aux combats de Crasnoï, de Smolensk, de Valoutina, qui marquent les étapes de la marche de la Grande Armée sur la capitale Russe. Moscou tombe au pouvoir de Napoléon après la sanglante victoire de la Moskova inscrite aux annales du régiment.

BATAILLE DE LA MOSKOVA (7 septembre). — Le général Kutusof, commandant l'armée russe dispose ses forces le long de la rivière de la Moskova et espère couvrir Moscou. Après un terrible combat les Russes reculent et se replient sur les hauteurs de Semenowskoe. De cette position formidable dépend le sort de la bataille. Elle n'est enlevée qu'après des efforts furieux et prolongés. Le 24ᵉ participe à l'attaque et à l'enlèvement d'une redoute. Il y entre pêle-mêle avec le 3ᵉ régiment.

L'hiver de 1812 marque une période douloureuse dans l'histoire de l'armée française. Décimée par le froid, la Grande Armée bat en retraite à travers les neiges de la Russie. Le 24ᵉ léger, en janvier 1813, est réduit à un bataillon.

Campagne de 1813

Reformé en 1813, il prend part pendant la campagne aux batailles de Dresde et de Leipsig (16, 18 et 19 octobre).

Campagne de 1814

La France est envahie, Napoléon, malgré de nombreuses victoires, ne peut arrêter la marche des alliés sur Paris. Le combat de Brienne (29 janvier) est le dernier engagement auquel assiste le 24ᵉ léger. En août 1814 il disparaît ; ses éléments sont versés dans le 6ᵉ léger.

Officier (1803-1814)

1840 - 1855

24ᵉ LÉGER (deuxième formation)

PAR ordonnance du 29 septembre 1840 le 24ᵉ régiment d'infanterie légère est créé de nouveau.

Journées des 23, 24, 25 et 26 Juin 1848

Pendant ces pénibles journées, les deux bataillons du régiment combattent l'insurrection dans les rues de Paris. Ils se font remarquer par leur dévouement, leur esprit de devoir et de discipline. Nombreux sont les officiers et les hommes tués ou blessés. M. Magnaut, lieutenant, est tué le 25 juin ; les capitaines Bernier et Bernard, le sous-lieutenant de Saint-Clair, succombent à leurs blessures.

1ᵉʳ Janvier 1855

Par décret Impérial le 24ᵉ léger prend le nom de 99ᵉ régiment de ligne.

Ainsi le régiment, dont l'existence a été suspendue pendant 26 ans, renaît en 1840 sous le nom de 24ᵉ régiment d'infanterie légère, pour reprendre, quinze ans plus tard, le numéro qu'il a illustré, à la fin du XVIIIᵉ siècle, sur les champs de bataille de Belgique, du Rhin et d'Italie.

C'est bien toujours le même régiment ; son esprit s'est perpétué, ses drapeaux ont été conservés ; ils restent les symboles, les signes sensibles des traditions que la suite de l'histoire du 99ᵉ montrera toujours vivantes et fécondes.

En effet le régiment se distinguera dans toutes les guerres ou dans les grandes expéditions que la France entreprendra dès lors en Europe, en Afrique, en Amérique. Moins de dix ans après sa renaissance, il aura conquis pour son drapeau la croix de la Légion d'honneur.

24ᵉ Léger (1840-1855)

1855 à nos jours

99e RÉGIMENT DE LIGNE

Campagne d'Algérie (1855-1859)

DE 1855 à 1859, le 99e combat en Algérie. En 1856, sous les ordres du colonel Tugny, le régiment participe à l'expédition dirigée contre les Kabyles des Babords. La même année, ses compagnies d'élite entreprennent, pour la première fois, les marches de pénétration vers le Sud et vont planter le drapeau tricolore sur les murs de Tougourth et de Ouargla.

EXPÉDITION DE LA GRANDE KABYLIE (1857). — Le commandant Bertrand et le 1er bataillon quittent Batna pour prendre part à l'expédition contre la Kabylie.

Le 29 juin, à l'attaque du village de Mzieu, les grenadiers enlèvent au pas de course la ligne des retranchements. A la baïonnette, malgré les balles qui tombent en grêle, ils rejettent les Kabyles en dehors du village. Au retour la compagnie de voltigeurs du capitaine Michel protège la retraite. Elle a un officier blessé, 9 sous-officiers et soldats tués, 42 caporaux et soldats blessés. Au retour de Batna, le général Desvaux félicite chaleureusement le 1er bataillon.

EXPÉDITION DES AURÈS (1858). — Le 99e, sous les ordres du lieutenant-colonel Comperat, ne trouve pas l'occasion d'aborder l'ennemi qui fuit sans cesse devant la colonne, mais il se fait remarquer par sa discipline, son entrain et sa vigueur.

Campagne d'Italie (1859)

Pendant la guerre contre l'Autriche, le 99e fait partie du 5e corps d'armée. Sa division couvre le flanc droit de l'armée française, mais n'est pas engagée. En juin 1860, il quitte Milan pour aller tenir garnison à Saint-Malo, Laval et Saint-Brieuc.

Campagne du Mexique (1862-1863)

Le 2 février 1862, le 99e s'embarque à Cherbourg pour le Mexique; il débarque à Vera-Cruz le 26 mars sous les ordres du colonel Lhérillier.

Le corps expéditionnaire comprenait 7.000 hommes commandés par le général Lorencez.

D'Orizaba, sa base d'opération, il marche sur Mexico, bat les Mexicains au défilé des Cumbres et, le 4 mai, arrive devant Puebla qu'il ne peut enlever. L'armée bat en retraite, protégée par le 99e, formant arrière-garde, et rentre le 15 à Orizaba.

DÉFENSE D'ORIZABA. ACULCINGO. LE CERRO-BORREGO. — Le régiment est laissé au village d'El-Ingenio pour couvrir le corps dans la direction de Puebla. Le contingent de cavalerie mexicaine du général Marquez, notre allié, n'avait pas encore opéré sa jonction avec le corps expéditionnaire, quand le 18 mai l'ennemi l'attaque et menace de le couper.

Le 2ᵉ bataillon, commandant Lefèvre, se porte à son secours. Il arrive à 5 heures du soir à Aculcingo en face de solides positions défendues par 6.000 Mexicains. Le bataillon les enlève, met l'ennemi en déroute, lui fait 1.200 prisonniers et rapporte en triomphe un drapeau enlevé par le sergent Picarant.

Un mois après, les Mexicains tentèrent une attaque sérieuse contre Orizaba; le 99ᵉ fut chargé de garder le point le plus important : la porte de Puebla.

99ᵉ Régiment de ligne
(1862)

Dans la nuit du 13 au 14 juin, le colonel Lhérillier est informé qu'un corps de 2.000 Mexicains se dispose à occuper le Cerro-Borrego, montagne qui s'élève par des pentes paraissant inaccessibles, au-dessus de la ville. L'ennemi maître de cette position, Orizaba allait succomber. Le colonel donne à minuit, à la 3ᵉ compagnie du 1ᵉʳ bataillon, l'ordre de gagner les hauteurs de Cerro-Borrego et de s'y maintenir à tout prix. Le capitaine Detrie entraîne ses hommes; profitant de la nuit, malgré la pente du terrain, ils atteignent la crête à une heure et demie. L'avant-garde est saluée par la fusillade des Mexicains surpris. Sans balancer, toute la compagnie s'élance à la baïonnette. L'ennemi terrorisé, ne songe pas à compter le petit nombre des assaillants et recule sur une deuxième position. C'est alors qu'arrive la 2ᵉ compagnie sous les ordres du capitaine Leclère. Une nouvelle attaque menée avec vigueur, force les Mexicains à battre en retraite et à abandonner leur position.

Deux cents braves venaient de sauver le corps expéditionnaire, chassant un ennemi dix fois plus fort d'un terrain organisé et jugé inaccessible. Les hommes du 1ᵉʳ bataillon prouvèrent ce jour-là qu'une position ne peut tenir devant une troupe résolue. La défaite d'Ortega montra qu'en toute circonstance il faut savoir se garder même sur les points où la nature paraît avoir disposé contre l'assaillant une barrière infranchissable.

Le corps Ortega nous abandonnait 4 obusiers de montagne, un drapeau, des armes, 60 prisonniers; 250 Mexicains avaient été tués ou blessés, alors que les deux compagnies ne comptaient que des pertes peu sensibles : 4 officiers blessés, 5 soldats tués (Trochet, Blancheton, Rossignol, Soulage et Josseu) et 14 blessés.

Le commandant en chef dit, dans son ordre du jour :

Soldats et marins,

L'histoire présente peu d'exemples d'une intrépidité égale à celle qu'ont montrée les 2ᵉ et 3ᵉ compagnies du 1ᵉʳ bataillon du 99ᵉ, dans l'attaque du Cerro-Borrego.

Hâtez-vous de reconnaître que la compagnie du capitaine Detrie d'abord, et ensuite celle du capitaine Leclère, se sont non seulement illustrées par leur héroïque courage, mais qu'elles ont acquis des titres à la considération particulière de l'armée par le service éminent qu'elles lui ont rendu en occupant la position du mont Borrego.

Sergent Picarant, du 99ᵉ d'Infanterie, héros de la prise du drapeau, le 18 mai 1861, à Aculcingo (Mexique).

Voltigeur de 1ʳᵉ classe Morel, à l'âge de 80 ans, doyen du 99ᵉ, il assistait à la bataille d'Aculcingo, à la suite de laquelle il reçut la croix de la Légion d'Honneur.

99ᵉ RÉGIMENT D'INFANTERIE

CORPS EXPÉDITIONNAIRE DU MEXIQUE
21 Mai 1862

Félicitations du Général de Lorencez au Corps expéditionnaire du Mexique et au 99ᵉ de ligne en particulier.

SOLDATS ET MARINS,

Votre marche sur Mexico a été arrêtée par des obstacles matériels auxquels vous deviez être loin de vous attendre, d'après les renseignements qui vous avaient été donnés. On vous avait cent fois répété que la ville de Puebla vous appelait de tous ses vœux et que sa population se presserait sur vos pas pour vous couvrir de fleurs. C'est avec la confiance inspirée par ces assurances trompeuses que nous nous sommes présentés devant Puebla. Cette ville était hérissée de barricades et dominée par une forteresse où les moyens de défense avaient été accumulés. Notre artillerie de campagne, insuffisante pour faire brèche aux murailles, un matériel de siège était devenu nécessaire. Nous n'avions point ce matériel ; mais cependant dans votre intrépidité, vous vous êtes précipités sur des fortifications défendues par de l'artillerie et par un triple étage de mousqueterie, pendant que sur vos flancs vous aviez à soutenir l'effort de plusieurs bataillons mexicains et d'une nombreuse cavalerie. Vous avez fait ce que des soldats français seuls savent faire, et les plus avancés d'entre vous étaient parvenus sur les murs mêmes de Guadalupe, lorsqu'une pluie torrentielle venant délayer la terre, rendit les pentes inaccessibles et vous mit dans l'impossibilité de renouveler les attaques.

Soldats et Marins, vous avez fait, le 5 mai, preuve d'un courage héroïque, et l'ennemi a si bien appris à vous connaître ce jour-là, que pendant votre retraite de Puebla à Orizaba, quoique vous fussiez embarrassés par un convoi de plus de deux cents voitures, il n'a pas même osé vous attaquer, ni même vous inquiéter. A Palmas, un peloton de 22 cavaliers mexicains mettait bas les armes devant un brigadier et 4 chasseurs d'Afrique. A Alcucingo, la cavalerie du général Marquez se trouvant le 18 à 5 heures du soir coupée par l'armée de Saragossa qui débouchait des Cumbres, le 2ᵉ bataillon du 99ᵉ accourt d'El Ingenio avec une section de batterie de montagne pour dégager cette cavalerie. Il se précipite sur l'ennemi avec une telle vigueur, qu'il lui enlève un drapeau, détermine la dispersion totale de l'armée de Saragossa et la reddition de 800 fantassins et de 400 cavaliers. Le bataillon du 99ᵉ commandé par le commandant Lefèvre, s'est couvert de gloire au combat d'Alcucingo.

Soldats et Marins, vos faits d'armes, depuis votre départ de Cordova, le 19 avril, jusqu'à votre retour à Orizaba, le 18 mai, les difficultés que vous avez eu à surmonter seront jugées et appréciées par l'Empereur, et soyez assurés que Sa Majesté reconnaîtra par de nobles témoignages votre valeur et votre dévouement.

Au quartier général d'Orizaba, le 21 mai 1862.
Le Général commandant le Corps expéditionnaire,
Signé : Comte de LORENCEZ.

ETAPES SUIVIES DE MEXICO A CUERNAVACA PAR LE 99ᵉ DE LIGNE (lieutenant-colonel Lefèvre) et les troupes mexicaines commandées par le général Vicario.

Première étape : San Agustin.

Deuxième étape : Guard.

Le double fait d'armes devait bientôt recevoir une plus haute récompense. Par Décret Impérial le régiment fut autorisé à porter la croix de la Légion d'honneur attachée à la hampe de son drapeau, en commémoration de la prise d'un étendard ennemi le 18 mai à Aculcingo.

Au commencement de 1863, une armée nouvelle, dont les forces allaient s'élever progressivement à 45.000 hommes, arriva au Mexique. Elle était commandée par le général Forey.

SIÈGE DE PUEBLA. — Elle reprit l'offensive et vint en mars mettre le siège devant Puebla. Le 99ᵉ y prit une part glorieuse, jusqu'au jour où l'armée entra dans la ville (18 mai). Le 10 juin, la capitale Mexico est prise. A dater de ce moment, le régiment participe aux nombreuses expéditions

Troisième étape : Jutchilac, la vallée de Cuernavaca.

entreprises à l'intérieur du pays. Avant son départ (10 novembre), le maréchal commandant en chef le passe en revue. L'ordre adressé à l'armée à cette occasion rappelle le rôle du 99ᵉ pendant la campagne :

Le Maréchal ne veut pas laisser partir le 99ᵉ de ligne sans lui exprimer hautement, en même temps que les regrets qu'il éprouve de se séparer de lui, les titres qu'il a acquis, sur cette terre lointaine, à l'admiration de l'armée et à la reconnaissance du pays.

Débarqué à Toulon en janvier et février 1865, le régiment est dirigé sur Lyon, où il restera jusqu'au moment de la guerre de 1870.

Entrée dans Cuernavaca de la colonne commandée par le lieutenant-colonel Lefèvre et le général mexicain Vicario
(d'après le croquis de M. Laurent, sergent au 99ᵉ de Ligne.)

Guerre de 1870-1871

Le 99ᵉ assiste aux batailles qui marquent la première partie de notre lutte contre l'Allemagne.

A Froeschwiller (6 août) le lieutenant-colonel de Joinville est tué, ainsi que le chef de bataillon Varmé-Joinville, les lieutenants Guille et Chiozzi, le sous-lieutenant Roffelio-Soissau ; 19 officiers sont blessés. Le grand nombre d'hommes tués ou blessés montre la part importante prise par le régiment dans cette lutte malheureuse.

A Sedan (1ᵉʳ et 2 septembre) l'armée de Mac-Mahon, entassée dans la ville, est enveloppée par deux armées allemandes. Pendant deux jours le 99ᵉ soutient sa réputation. Pendant l'action le drapeau

n'est sauvé que grâce à l'énergie du porte-drapeau Aimo, vigoureusement soutenu par les sapeurs du régiment. Un instant après, un boulet déchire l'étoffe et brise la hampe. M. Aimo blessé, parvient à emporter les débris jusqu'à Sedan.

Le soir Napoléon capitulait, livrant aux Allemands 85.000 hommes et 150 canons.

Le drapeau du régiment devait être sauvé. Le lieutenant Baratte, chargé des précieux lambeaux et de la croix de la Légion d'honneur détachée de la hampe, parvint à traverser les lignes ennemies.

En janvier 1872, le colonel Gouzil recevait du ministre de la guerre la croix de la Légion d'honneur qui était attachée au drapeau avant Sedan.

Le ministre, s'adressant au régiment, « était heureux de pouvoir lui rendre un emblème qui, en « lui rappelant sa valeur passée, prouvera à tous l'attachement qu'il a su montrer à son drapeau « dans des circonstances difficiles ».

A la fête grandiose du 14 juillet 1880, l'armée reçut à Paris, des mains du Président de la République, de nouveaux drapeaux.

Celui du 99ᵉ porte à sa hampe la croix de la Légion d'honneur. Sur la flamme, aux couleurs nationales, brillent en lettres d'or, les quatre noms qui marquent les étapes de sa glorieuse histoire :

MARENGO, WAGRAM, LA MOSCOVA, ACULCINGO

Pendant la période qui s'étend, de 1871 à 1914, entre les deux guerres franco-allemandes, le 99ᵉ fait partie du 14ᵉ corps d'armée dès sa formation.

Au cours des 25 années qui précèdent la grande guerre, il s'entraîne à la manœuvre en montagne et chaque année un de ses bataillons parcourt les Alpes. En outre, à plusieurs reprises, il y tient garnison et concourt avec les chasseurs alpins à la garde des postes de la frontière.

Les garnisons du 99ᵉ furent, pendant ces 43 ans :

1871 à 1873, Nimes ; 1873, Gap, Embrun, Briançon ; 1874, Montélimar ; 1875 à 1885, Lyon, Vienne ; 1885 à 1889, Lyon, Romans ; 1889 à 1893, Lyon ; 1893 à 1896, Gap, Mont-Dauphin ; 1896 à 1902, Lyon, Bourgoin ; 1902 à 1905, Gap, Mont-Dauphin, Ubaye-Queyras ; 1905 à 1914, Lyon, Vienne.

Sergent (1914)

La

Grande Guerre

1914 - 1918

I

1914

L A guerre déclarée à l'Allemagne, le 99e ne devait pas séjourner longtemps dans ses garnisons. Le 6 août 1914, dans l'après-midi, ses trois bataillons sont embarqués et dirigés sur la base de concentration.

Avant de quitter le vieux fort Lamothe, le lieutenant-colonel Martinet, commandant le régiment, réunit les deux bataillons en garnison à Lyon, leur présente le drapeau et dans une belle allocution patriotique jure de servir la France jusqu'à la mort et de ne revenir qu'avec les lauriers de la victoire.

Quelques commandements brefs succèdent. En avant, c'est le départ, musique et drapeau en tête.

Jusqu'à la gare le régiment défile entre une double haie de civils venus pour l'acclamer et lui jeter des fleurs. Le 99e n'a-t-il pas toujours été le régiment chéri de la population lyonnaise ! Combien nombreux sont les Lyonnais qui ont

1 août 1914
L'ordre de mobilisation est affiché au Central Télégraphique de Lyon, rue de la Barre.

accompli leur service militaire dans ses rangs et qui partent avec lui !

Mais la patrie est en danger. Contre une lâche agression ne faut-il pas se défendre ? L'âme sereine et le cœur haut, tous les gradés et hommes du 99e partent contents le soir du 6 août 1914.

Revue de départ du 2e bataillon du 99e.
Caserne Rambaud à Vienne.
Allocution du Sous-Préfet
et du Maire.

L'état-major, les 1er et 3e bataillons eurent comme point d'embarquement Lyon-Part-Dieu, le 2e, Vienne.

Quel allait être le futur champ de bataille ? L'Est, disaient les uns, théâtre sur lequel le 99e avait déjà si souvent combattu l'envahisseur allemand ; les Alpes, répondaient les autres, rappelant les longues années au cours desquelles le régiment s'était entraîné aux marches et manœuvres en montagne.

Quelle que soit la frontière à défendre, le régiment saura faire honneur à son passé.

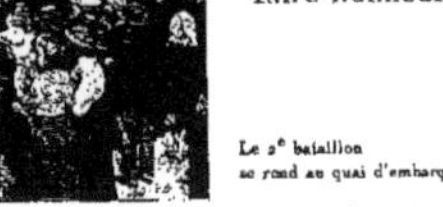

Le 2e bataillon
se rend au quai d'embarquement.

— 21 —

II

LE 99ᵉ RÉGIMENT DANS LES VOSGES

APRÈS vingt-quatre heures de voyage, le régiment débarque à Epinal. C'est le soir, une certaine animation règne dans la ville. Que se passe-t-il ? Tout va bien, telle est la réponse.

Une nuit de repos dans les faubourgs de la ville et le 8, au matin, le régiment se met en marche pour aller occuper les cantonnements qui lui sont assignés dans la zone de concentration. Il a plu au cours de la nuit ; la fraîcheur du matin, l'aspect charmant de cette région inconnue de la majeure partie des soldats, facilitent la marche qui doit se terminer vers midi.

Pendant quelques jours, le régiment reste sur ses emplacements, puis exécute une série de marches excessivement pénibles qui vont l'amener au contact.

Le 15, la frontière est franchie. C'est le jour de la première rencontre avec l'ennemi ; les premiers coups de feu sont tirés.

Colonel Hamon, ex-commandant du 99ᵉ
(1911-1914).

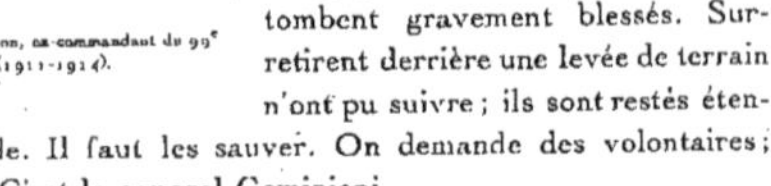

Le 1ᵉʳ bataillon marche en tête de la colonne, la 3ᵉ compagnie, avant-garde du bataillon, a détaché une patrouille pour éviter toute surprise malheureuse. Tout se passe en ordre et la progression se poursuit. Soudain, au débouché d'une clairière, premier heurt avec une patrouille allemande. Echange de coups de feu et repli rapide de l'ennemi. La marche n'est pas interrompue, la compagnie se déploie et progresse. A quelques centaines de mètres un ouvrage boche parfaitement dissimulé et solidement tenu l'arrête. La fusillade s'engage, des mitrailleuses invisibles crépitent, plusieurs hommes tombent gravement blessés. Surpris, mais calmes, les tirailleurs se retirent derrière une levée de terrain et continuent le feu. Mais les blessés n'ont pu suivre ; ils sont restés étendus entre les deux lignes et appellent à l'aide. Il faut les sauver. On demande des volontaires; un moment de silence puis quelqu'un se lève. C'est le caporal Geminiani.

Son exemple n'est pas vain, aussitôt cinq, dix hommes veulent le suivre. Trois d'entre eux sont choisis et sans hésiter, au mépris de la mort, s'élancent vers les blessés qu'ils ramènent peu après au milieu de la compagnie.

Tué quelques jours après (à Rothau), dans un dur combat où, la situation étant désespérée, il voulut s'élancer à la baïonnette sur les Allemands qui l'entouraient, le caporal Geminiani fut un beau modèle de sacrifice et de dévouement.

Le 16 août, l'état-major et le 1ᵉʳ bataillon pénètrent dans Sainte-Croix-aux-Mines, le

3e bataillon occupe Sainte-Marie-aux-Mines, le 2e reste sur les hauteurs de la Croix-de-Surmely.
Le lendemain et le surlendemain, le régiment fait encore étape.

Amené par un recul combiné des avant-gardes ennemies au contact avec le gros des

forces, le régiment soutient des combats
pertes sérieuses, mais où chacun se
contre dix. Le 19 août, le 1er bataillon
meck, par le col du Perheux.
reçu par une vive fusillade
prend position vers Fouday
. Le 3e bataillon marche
et Belmont, livrant de
desquels les Allemands
Bellefosse. Ici se place un
plus honneur au régiment.
un instant. Le 19 août, au
commandant la 9e compa
sections de la 12e, sous les
Baud, après avoir pénétré
de tenir la crète à l'est de
liaison, à droite, avec le 11e
de protéger la retraite.
le détachement Vallade est attaqué
par de l'artillerie. Grâce aux judicieuses
Vallade, admirablement secondé par les
tient en échec cette première attaque.

Lieutenant-Colonel Martinet.

excessivement durs qui lui causent des
conduit en brave, luttant jusqu'à un
reçoit l'ordre de marcher sur Schir-
Arrivé au Champ du feu, il est
et une violente canonnade. Il
et Rothau.
sur Waldersbach, Bellefosse
furieux combats à la suite
évacuent Waldersbach et
des épisodes qui font le
Il mérite qu'on s'y arrête
soir, le capitaine Vallade,
gnie, renforcée de deux
ordres du sous-lieutenant
dans Bellefosse, reçoit l'ordre
Bellefosse et d'assurer la
bataillon alpin dont il venait
Le 20 août, dès le point du jour,
par des forces d'infanterie appuyées
dispositions qu'il a prises, le capitaine
lieutenants Pouchon, Moreau, Baud,
Mais vers 9 heures toute une division

allemande, comprenant des unités saxonnes et wurtembergeoises, appuyée par une nombreuse artillerie, attaque avec une extrême violence notre position. Nos sections largement étalées sur un front étendu, parfaitement dissimulées, se flanquant en outre mutuellement par leurs feux, causent dans les rangs ennemis des pertes sanglantes. Vers 11 heures, le capitaine Vallade a la cuisse brisée par une balle (1). Mais malgré sa blessure, il conserve le commandement et faisant exécuter une contre-attaque, il oblige les Allemands à replier leurs éléments avancés, et à cesser leur attaque brusquée pour exécuter une attaque méthodique. Devant notre furieuse résistance, cette attaque violemment soutenue par son artillerie ne peut néanmoins progresser que très lentement.

Le repli de notre détachement s'exécute pied à pied, par échelons et ce n'est qu'à la chute du jour que les Allemands pénétreront dans Bellefosse où ils feront prisonnier le capitaine Vallade qui, dès 13 heures, avait dû céder le commandement au lieutenant Pouchon, mais n'avait pas voulu enlever des combattants à la ligne de feu pour se faire transporter à l'arrière.

Ainsi, pendant toute une journée, les 300 hommes du capitaine Vallade, sans artillerie, ni mitrailleuse, ont arrêté plus d'une division allemande, lui infligeant des pertes sanglantes; des documents allemands ont évalué ces pertes à 450 tués et environ 1.400 blessés (2).

(1) Il y a lieu d'accorder une mention spéciale entre autres au caporal Deloye et au sergent Jounin. Le caporal voyant le capitaine Vallade blessé, le prit dans ses bras pour le transporter, sous le feu, à l'abri d'un talus de route, et fut tué en accomplissant cet acte de dévouement. Le sergent, pour sauver aussi son capitaine alla chercher une brouette dans une maison et l'amena, sous les balles, jusqu'à son chef, mais celui-ci refusa de se laisser enlever. Le caporal Deloye et le sergent Jounin se montrent les dignes soldats d'un chef héroïque.

(2) Une brochure allemande, éditée à Heilbronn (Wurtemberg), en 1916 " Vogesenkaempfe " par Hans Gubsch, capitaine d'infanterie, confirme que l'infanterie de sa division, marchant vers Bellefosse par la grande route, a eu là une sanglante rencontre avec des forces françaises supérieures. La division battit en retraite le 21, évacuant Bellefosse. Le général commandant la division, affecté par cet échec, se suicida à Effig (région de Barr).

Pendant que ces événements se passaient à Bellefosse, le 1er bataillon, en position dès le 19 août, comme nous l'avons dit, vers Fouday et Rothau, est attaqué violemment le 21, à Rothau. Il subit des pertes énormes. Son chef, le commandant Gaulier, est tué, ainsi que le capitaine Saint-Ubéry. Le bataillon se replie sur Saint-Blaise.

Il faut signaler ici la belle conduite du soldat Chabrol de la 1re compagnie.

Le soir du 19 août 1914, le 1er bataillon occupait Rothau, un poste de garde était établi aux dernières maisons de la localité au lieu dit la Bessette. Le soldat Abel Chabrol et un de ses camarades étaient détachés en sentinelles avancées à 300 mètres environ du village, lorsque les Prussiens firent irruption en nombre. Le poste eut juste le temps d'échapper à l'ennemi sans pouvoir faire rentrer les sentinelles..

Quelques courageux habitants de Rothau, dévoués à la cause française, n'hésitèrent pas à faire connaître à Chabrol et à son camarade la situation périlleuse dans laquelle ils se trouvaient et

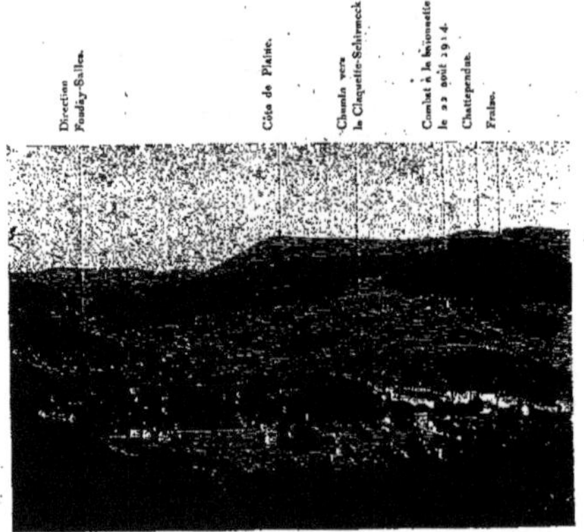

(G. Schmitt, édit., Schirmeck.)

Rothau.
Combat à la baïonnette le 22 août 1914.

les engagèrent à essayer de rejoindre leur unité. Le soldat Chabrol répondit à ces braves gens : " Je ne puis pas m'en aller ; je ne suis pas relevé. Je reste ".

Il fut tué quelques instants après avec son camarade par les Prussiens.

Le 2e bataillon, après une série de marches et contre-marches, les 18 et 19 août, entre Saint-Blaise et Steige, passe la nuit au col de Steige. Le 20, au point du jour, il est ramené sur Saint-Blaise, puis dirigé sur Rothau. Il n'est pas engagé dans le combat de Rothau et le 21 août, au soir, il est ramené au sud de Sainte-Blaise où il bivouaque dans les bois.

Le 23 août, le 99e commence une retraite sur Saales, par Saint-Blaise et le village de Saulxures où l'état-major, le 3e bataillon et une partie du 2e vont passer la nuit du 23 au 24.

Au matin du 24, la bataille s'engage, la fusillade est violente. Un brouillard épais gêne les opérations. Le régiment subit des pertes sérieuses.

Dans ce combat sont tombés le lieutenant-colonel Martinet, commandant le régiment, le commandant Soubeyrand, le capitaine Avril, commandant la 5e compagnie, les lieutenants Libarelli,

de Ternay, les sous-lieutenants Priez, Fidelle. Le commandant Arbey prend le commandement du régiment. Cette dure journée qui ne fut pas cependant à notre complet désavantage, consacra la désorganisation des 1er et 3e bataillons, déjà si éprouvés à Rothau et Bellefosse.

La journée du 25 août consacra celle du 2e bataillon. En effet, la frontière franchie, le 2e bataillon et deux compagnies du 3e sont placés sous les ordres du colonel Crepey, pour attaquer en direction de Menil-village et du bois d'Horto Senones. Un combat effroyable s'engage autour de ce mant, pendant lequel se distingue le lieutenant Poncet, commandant d'une section de mitrailleuses, dont le calme, le sang-froid et l'énergie, va assurer la retraite du détachement qui succombe sous le nombre. Malheureusement, très grièvement blessé, le lieutenant Poncet tombera aux mains de l'ennemi.

La retraite générale du régiment se poursuit le 26 août sur Saint-Dié, marquée par de violents combats à

Saulxures.
(G. Schmitt, édit., Schirmeck.)

Coll.
Bouteiller,
Saint-Dié.

Saint-Dié.
Les Tiges.

La Fontenelle, autour de Saint-Jean-d'Ormont, au village de la Culotte, aux Raids de Robache, où un déta-chement de réservistes venant renforcer le régiment est engagé et subit de grandes pertes. Le 27 août, la retraite s'effectue sur Saint-Dié, le 99e franchit la Meurthe et s'arrête à La Bolle (1er et 3e bataillons ; le 2e bataillon occupe Herboville qu'il met en état de défense). Les Allemands entrent à Saint-Dié à midi.

Le 28 août, une contre-attaque du régiment a lieu sur Saint-Dié par le faubourg des Tiges pour les 1er et 3e bataillons, et par les bois et la voie ferrée pour le 2e bataillon, dont la 5e compagnie (lieutenant Michoux) parvient à prendre pied sur la rive droite de la Meurthe. Le combat cesse à la nuit, et le régiment se replie sur ses positions de départ.

La Petite-Fosse (Vosges)
L'église démolie par le bombardement
(Ad. Weick, édit., Saint-Dié.)

Après un violent combat, livré le 31 août, aux Moitresses, par le 2e bataillon qui arrête net l'attaque des Allemands, l'ennemi paraît désormais fixé sur Rougiville et le Haut-Jacques. Le régiment est regroupé et placé en réserve de C. A. ; par Taintrux il gagne

Vanémont le 5 septembre. A l'appel fait à Vanémont, il reste du beau régiment du départ : 580 hommes et 15 officiers !

Etaient tombés le capitaine Vernet, le lieutenant Dupasquier, les sous-lieutenants Loidreau et Dominici.

Les journées des 6 et 7 septembre sont employées à la réorganisation et au recomplètement des unités, grâce à un renfort de 2.000 hommes provenant du dépôt de Vienne.

Le 7 septembre, le régiment reconstitué relève le 22ᵉ à Xainfeing. Le contact est repris avec l'ennemi le 8 septembre au nord de Taintrux. Enfin le 11 septembre, le 99ᵉ se porte en avant, entre à Saint-Dié, à la nuit, sous la pluie, chaleureusement accueilli par les habitants qui garderont à jamais le souvenir des atrocités allemandes.

L'ennemi, en effet, après notre grande victoire de la Marne, exécute un repli général.

Dans un nouveau bond, le régiment, maintenant le contact, poursuit les Allemands et leur inflige des pertes. Il emprunte à nouveau la route suivie au cours de la retraite, et est accueilli à bras ouverts par les habitants des villages libérés.

Au cours de la nuit du 11 au 12 septembre, la 2ᵉ compagnie reçoit l'ordre de s'assurer si le village de Saint-Jean-d'Ormont est occupé. La demi-section du sergent Drevon est désignée pour accomplir cette mission. Le temps est pluvieux, la nuit est sombre. Le sergent

(Ad. Weick, édit., Saint-Dié.)
Taintrux, près de Saint-Dié.
Vue d'ensemble de la colline de Rougiville, très éprouvée
par les combats de septembre 1914.

Drevon marche en tête de ses hommes, évitant de faire le moindre bruit. On arrive aux lisières du village, on écoute, tout est calme, mais en avançant chacun s'attend au cri de " halt, wer-da " poussé par la sentinelle allemande aux issues. On continue : voici les premières maisons, personne ! Auraient-ils abandonné complètement

(Ad. Weick, édit., Saint-Dié.)
Saint-Jean d'Ormont (Vosges).
Vue d'ensemble.

le village ? Cependant un peu de lumière filtre entre les volets d'une fenêtre. Le sergent frappe, un vieillard vient ouvrir. Drevon entre suivi de quelques hommes, les autres surveillent. Les Allemands viennent de partir, mais quelques uhlans sont encore à l'extrémité du village. Ce renseignement envoyé à son commandant de compagnie, Drevon va essayer de s'emparer d'eux. Le jour commence à poindre. A quelques centaines de mètres, il pourra les voir, cheminant sur la route. Il fait ouvrir le feu, un cavalier tombe, plusieurs autres sont blessés, un cheval est tué mais son cavalier peut s'échapper. Drevon ne considérant pas sa mission comme achevée, laisse quelques hommes au village et poursuit sa reconnaissance jusqu'à Ban-de-Sapt. Il ne tarde pas à recevoir de nombreux coups de feu. L'ennemi est là, solidement installé dans ses tranchées. Ce

précieux renseignement complète heureusement les précédents. Le sergent Drevon est félicité pour les résultats intéressants qu'avait donnés sa reconnaissance.

Le rôle du régiment dans cette partie du front est terminé. Le 13 septembre 1914, il se retire par le col de Robache, gêné dans son mouvement par le bombardement allemand. Le 18 il est embarqué à Bayon pour une destination nouvelle.

Le séjour du 99° dans les Vosges fut relativement court, mais combien fut-il par contre pénible et coûteux. Que de camarades sont tombés pour défendre le passage des fameux cols ! Au début, en août, ce sont de longues marches par de fortes chaleurs ; au mois de septembre, c'est le combat sous la pluie sans le moindre abri. Malgré les privations, malgré les intempéries, le régiment fut magnifique de courage et de résistance. S'il a subi de lourdes pertes, n'en a-t-il pas infligé de plus sérieuses aux Allemands ? Ceux-ci n'ont-ils pas avoué, en effet, que la plaine de Saint-Dié avait été un tombeau pour leurs soldats.

Son rôle fut ingrat et souvent méconnu. Il n'en reste pas moins vrai qu'il a contribué

(Ad. Weick, édit., Saint-Dié.)

Ban-de-Sapt (Vosges). Le hameau du Launois.

(Ad. Weick, édit., Saint-Dié.)

Les Hautes-Vosges.
Le col de Robache, entre Robache
et Saint-Jean d'Ormont.

puissamment à la fixation de l'aile gauche allemande, condition nécessaire contribuant à empêcher l'encerclement de Nancy et facilitant ainsi le redressement de la ligne de bataille et la victoire de la Marne.

Après cette victoire, la situation d'ensemble de l'armée allemande et de l'armée française se présente sous un jour nouveau. Elle répond à un double but : attitude défensive à l'Est, offensive à l'Ouest. Cette offensive du côté français, a pour but d'atteindre les communications allemandes. Il faut fixer l'ennemi sur le front qui s'étend de l'Oise aux Vosges, et pour alimenter sa manœuvre, le général Joffre ne peut prélever de troupes que sur les unités combattantes ; et c'est pour répondre à des débarquements allemands signalés à Valenciennes et Cambrai que le généralissime donne l'ordre de transporter le XIV° corps de Bayon au Nord de Paris, dans la Somme.

III

LES OPÉRATIONS DU 99e DANS LA SOMME

LA région où le régiment allait être appelé à combattre de nouveau était bien différente de la première. Autant celle-ci était montagneuse, boisée, variée, autant celle-là était unie et monotone. Région fertile et riche, champs bien cultivés, villages ramassés, arbres clairsemés, longues routes poussiéreuses l'été et boueuses l'hiver, telle est la partie de la France où pendant dix mois va opérer le 99e régiment d'infanterie sous les ordres des lieutenants-colonels Arbey et Marty.

A peine arrivé dans la Somme, le 99e reprend sa place dans la bataille, sans repos, avec un effectif incomplet. Mais le temps presse. Les Allemands, arrêtés dans leur marche vertigineuse sur Paris, ont été bousculés sur la Marne et contraints à une retraite non moins rapide qui menace de tourner au désastre. D'après un renseignement positif de l'armée, si le corps d'armée pousse, il prendra de flanc toutes les colonnes allemandes qui retraitent sur la rive droite de la Somme. Le régiment engagé à Herleville le 25 septembre progresse, mais ne tarde pas à se heurter à un ennemi solidement installé dans des tranchées profondes et bien dissimulées, qui inflige au régiment des pertes sérieuses : le lieutenant-colonel Arbey, le capitaine Furtin, commandant de bataillon, les lieutenants De Ville de Travernay, Roumanteau, Robin, commandants de compagnies, sont tués en commandant bravement leur unité. Plusieurs fois, dans un élan magnifique, le 99e régiment d'infanterie se heurte aux Allemands à Foucaucourt, à Dompierre, Fontaine-les-Cappy. Désormais la ligne de bataille est fixée et pendant de longs mois ne subira que des changements sans importance. Le soldat français s'est résigné à creuser des tranchées, à vivre enterré et à épier par quelques petits trous les moindres mouvements de l'ennemi. L'hiver approche ; il est maintenant entendu que nous le passerons en guerre, il faut donc s'organiser en conséquence. Des deux côtés on fera de même. Un calme complet régnera pendant quelque temps dans le secteur du régiment. Puis, innovation de quelques moyens de combat : lancement dans la tranchée ennemie de projectiles chargés d'explosifs et guerre de mines, guerre meurtrière qui augmentera la fatigue des hommes en leur imposant une attention soutenue.

A un moment donné cette tranquillité relative avait pu faire croire aux Allemands que la guerre allait se terminer là et que la nouvelle frontière suivrait à peu de chose près la ligne de bataille. Bel espoir à caresser, mais quelle erreur ! C'est avec cette idée qu'une nuit ils placèrent entre les deux lignes, mais bien plus près de la leur que de la nôtre, un superbe poteau ayant d'un côté les couleurs françaises, de l'autre les couleurs allemandes. Impossible d'en douter, c'était bien le poteau frontière qu'ils avaient planté en avant du front de la 8e compagnie à Fay. Au matin quand les soldats l'aperçurent, leur rage fut grande. On ne pouvait le laisser. Mais aller le chercher était chose dangereuse, la distance de notre ligne au poteau étant d'au moins trois cents mètres et aucun mou-

Lieutenant-colonel Arbey.

vement de terrain ne permettant de se mettre à l'abri. Cependant, le soldat Nolin résolut de mettre le projet à exécution. A la pointe du jour, sans prévenir personne, au risque de se faire tuer par une balle française, il quitte la tranchée en rampant, se dirige vers le poteau. Il peut l'atteindre et l'arracher, mais un léger bruit donne l'éveil à la sentinelle allemande. Aussitôt vive fusillade. Nolin ne perd pas son sang-froid, légèrement protégé par la demi-obscurité, il rampe à nouveau vers les lignes françaises, en rapportant son trophée. Tous les camarades admirent son beau courage et lui font un accueil triomphal. L'insolence boche avait eu la réplique française.

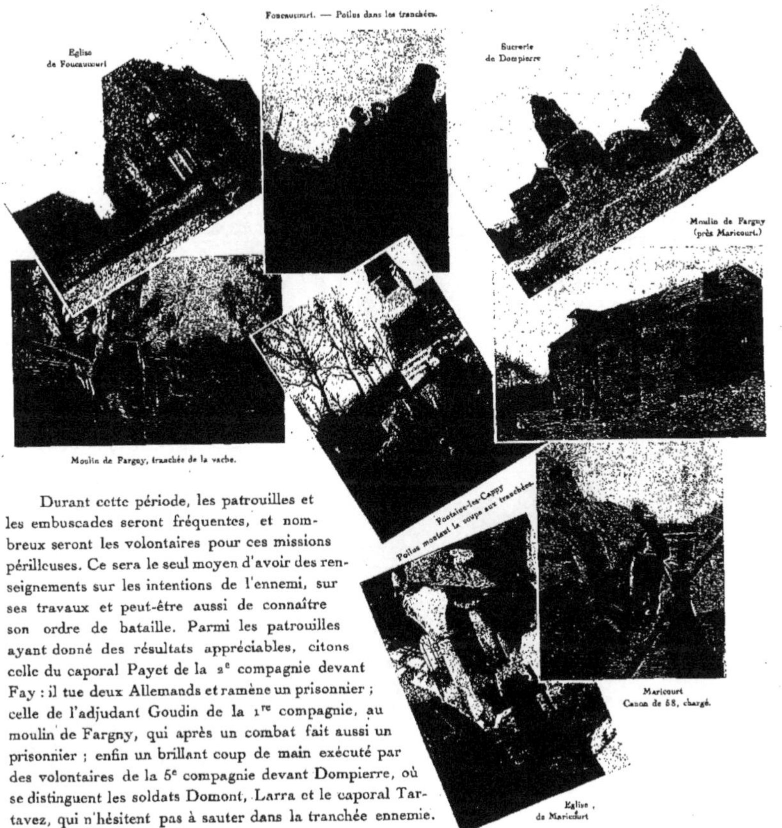

Durant cette période, les patrouilles et les embuscades seront fréquentes, et nombreux seront les volontaires pour ces missions périlleuses. Ce sera le seul moyen d'avoir des renseignements sur les intentions de l'ennemi, sur ses travaux et peut-être aussi de connaître son ordre de bataille. Parmi les patrouilles ayant donné des résultats appréciables, citons celle du caporal Payet de la 2e compagnie devant Fay : il tue deux Allemands et ramène un prisonnier ; celle de l'adjudant Goudin de la 1re compagnie, au moulin de Fargny, qui après un combat fait aussi un prisonnier ; enfin un brillant coup de main exécuté par des volontaires de la 5e compagnie devant Dompierre, où se distinguent les soldats Domont, Larra et le caporal Tartavez, qui n'hésitent pas à sauter dans la tranchée ennemie.

IV

LE 99ᵉ A L'ATTAQUE DE CHAMPAGNE (1915)

CETTE période de stabilisation avait assez duré. Une grande offensive se préparait en Champagne : le régiment devait y participer et y jouer un grand rôle. Retiré de la ligne, il est embarqué au début d'août 1915. Durant la période qui s'étendra d'août à octobre, le 99ᵉ va fournir une somme de travail extraordinaire. Dès son arrivée, un secteur lui est confié. Il faut le défendre tout en l'organisant pour la grande attaque qui est proche et sur laquelle les plus beaux espoirs sont fondés. Jour et nuit pendant deux mois, tout le monde travaille à la construction de boyaux larges et profonds, de pa- rallèles de départ, d'abris, etc. Quel- ques jours avant l'attaque, le com- mandant Rousselon du 1ᵉʳ bataillon, promu lieutenant- colonel, succède au lieutenant - colonel Marty appelé dans

Général Marty.

Charles-Albert-Émile Marty,
caporal au 99ᵉ régiment d'Infanterie,
tué le 23 Mars 1917,
à Seraucourt-le-Grand.

un état-major. Le jour de l'attaque arrive enfin. Jamais offensive n'avait été mieux préparée, un bombardement de soixante-douze heures l'avait précédée, aussi le 25 septembre 1915, à 9 heures 15, tout le monde s'élance plein de confiance dans le succès. L'ennemi est surpris, les résultats sont magnifiques : avance de plusieurs kilomètres, nombreux prisonniers et prise d'un important matériel. Ce beau fait d'armes valut au 99ᵉ une citation à l'Ordre de l'Armée et son drapeau reçut la Croix de guerre avec palme.

Moulin de Fargny, passerelle.

Suzanne. Le Château.
(R. Lelong. édit., Saint-Fuscien.)

EXTRAIT DE L'ORDRE GÉNÉRAL Nᵒ 40. — 2ᶜ Armée

Le Général commandant la 2ᵉ Armée cite à l'Ordre de l'Armée le 99ᵉ régiment d'Infanterie :

« Sous le commandement du lieutenant-colonel Rousselon, s'est affirmé, dans la brillante offensive du 25 septembre au cours de l'assaut, puis d'une manœuvre d'encerclement, comme une troupe valeureuse, disciplinée et parfaitement instruite. »

Le Général commandant la 2ᵉ Armée.

Signé : PÉTAIN.

Lieutenant-colonel Rousselon.

Au cours de cette brillante offensive, les exploits individuels sont légion. Citons au hasard : les sous-lieutenants Faugier et Blachère, jeunes officiers d'une bravoure incomparable qui se sont battus comme des lions dans un corps à corps et sont tombés glorieusement en tête de leur section. L'adjudant Mayoud de la 9ᵉ compagnie qui aperçoit une mitrailleuse entrant en action se précipite, tue deux servants avec son revolver et fait les autres prisonniers, il s'empare de la mitrailleuse (qui était française), la retourne immédiatement et ouvre le feu sur les groupes ennemis qui se replient. Le soldat Lamma de la 11ᵉ compagnie qui, arrivant à un carrefour de boyaux, se trouve en présence d'un Allemand armé ; tous les deux se visent, tirent et se manquent. Lamma plus habile que son adversaire recharge immédiatement, vise attentivement et d'une balle en pleine tête le tue net. Continuant son avance, il devait encore abattre cinq Allemands. Le soldat Molleret de la 1ʳᵉ compagnie, saisi à la gorge par un boche, lutte, se dégage et le tue d'un coup de pelle-bêche. Le caporal Larra de la 5ᵉ compagnie qui, pour réduire un fortin solidement tenu, n'hésite pas à monter sur la tranchée pour mieux l'arroser de grenades. Deux balles percent son casque, des pétards tombent autour de lui. Larra continue sans hâte avec le même calme, la même précision, et finalement contraint les occupants du fortin à se rendre.

Pendant cette période sont tombés glorieusement : les capitaines Dreyfus, Raymond, Fontan, le lieutenant Mannaz, les sous-lieutenants Bard, Millet, Carrère, Mistral, Fouchier, Drevon, Payan.

Une mention est due à la mémoire du capitaine Berger qui, délié de toute obligation militaire, vint volontairement grossir les rangs du 99e et qui fut mortellement frappé à la tête de sa compagnie. L'offensive arrêtée, le rôle du 99e est terminé en Champagne. Il va goûter un repos bien mérité dans la Haute-Saône, où, pendant un mois et demi il se reforme, recommence son instruction et son entraînement, de manière à être prêt pour les batailles futures.

Puis, à trois mois de secteur en Haute-Alsace succède une période d'entraînement intensif au camp d'Arches près d'Epinal. C'est là que devait nous trouver la grande offensive boche sur Verdun en 1916. Cette entreprise " kolossale " devait, d'après le grand État-Major Allemand, amener la France à demander grâce. Décidée en Novembre 1915, malgré l'opposition d'Hindenbourg, elle fut montée avec une puissance matérielle dépassant toutes les prévisions de l'époque et confiée, dans un intérêt dynastique, au commandement nominal du Kronprinz qui, insoucieux du sang à répandre, allait poursuivre aveuglément cette tentative jusqu'à l'épuisement de ceux qu'il appelait ses " taureaux de combat " et qu'il gavait, depuis quelques semaines, comme

Maricourt.
Officiers anglais en reconnaissance pour relever le 99e.

La chasse aux " totos ".

Méricourt, douche improvisée.

Ouverture des grands boyaux de progression.

Tranchée bétonnée allemande.
Document trouvé dans les lignes allemandes après enlèvement de la position.

Le lieutenant-colonel Rousselon donne des ordres au dépôt du matériel.

Trou-Bricol.

des poulardes de Bresse, leur réservant pour dessert les " dragées de Verdun ". En effet, les premiers communiqués nous annonçaient que le 21 février, à 7 heures 15, deux mille pièces de gros calibre avaient ouvert sur notre front, de la Meuse à la Woëvre, un feu effrayant.

Cette préparation, d'une intensité qui jamais encore n'avait été atteinte, avait été précédée d'un prélude, par une pensée bien tudesque : un obus, un seul, lancé sur Verdun endormi, à 4 heures du matin... Nous pouvions entendre du Camp d'Arches, un roulement sinistre et continu de la canonnade formidable de Verdun. Et chacun de nous aurait déjà voulu être sur place pour prendre part à cette lutte gigantesque qui succédait à l'assoupissement de l'hiver. A certains moments, le ciel semblait s'écrouler, tant le bombardement se faisait violent et ininterrompu.

Sur les Hauts de Meuse la plus grande bataille de la plus grande guerre s'engageait, et chacun comprit que le moment était critique : les destinées de la Patrie étaient compromises. Chefs et soldats firent alors le serment solennel : " Ils ne passeront pas ". En effet, les " taureaux de combat " du Kronprinz devaient être dévorés par les " lions " de Pétain.

Prisonniers allemands.

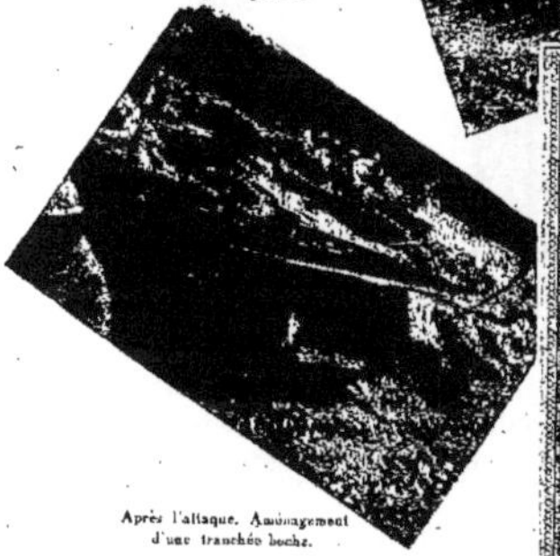

Tranchée bétonnée allemande.
Document trouvé dans les lignes allemandes après enlèvement de la position.

Après l'attaque. Aménagement d'une tranchée boche.

Epinal. — Vue générale prise du château.

Arches (Vosges). — Vue générale. (Ad. Weick, édit., Saint-Dié.)

(Magasins Réunis, édit.)

V

LES DIX MOIS DE VERDUN

LE 99ᵉ est bien entraîné, il est à peu près à effectif complet; si l'on a besoin d'un bon régiment, il est tout désigné. On l'embarque à Epinal et la nuit suivante il est dans la région de Verdun. C'est la fin de février, l'hiver se fait encore durement sentir, le froid sévit, la neige tombe, les routes sont glissantes. Après quelques étapes le régiment arrive à proximité de Verdun et de loin il lui est permis d'assister au commencement de la formidable bataille.

Fort d'Haudiaville.

Ronvaux.

A partir de ce moment commence pour le 99ᵉ une période héroïque, mais combien pénible. Le régiment vivra, au milieu d'un ouragan de fer encore inconnu jusqu'ici, pendant dix longs mois coupés par de courtes périodes de repos, dans les camps, sous bois, à faible distance des premières lignes. Les relèves sont longues et pénibles, par des nuits noires, dans la boue où l'on s'enlise. Chaque fois des camarades n'arrivent pas jusqu'au lieu de repos.

Les débuts se font dans la plaine marécageuse de la Woëvre, dans la boue de Chatillon et de Ronvaux. Relevé dans les premiers jours d'avril, ramené en arrière (à Chaumont-sur-Aire), au pied des Côtes de Meuse, en quelques étapes, l'enlèvement se fait en camions et cette fois c'est bien la grande bataille.

Dans la nuit du 21 au 22 avril, le régiment relève des éléments disparates dans le secteur de la Ferme Thiaumont, secteur de réputation terrible, d'importance capitale où les Allemands chercheront plusieurs fois à se frayer un passage sur Verdun. Pendant un mois et demi il restera là, accroché aux pentes du Ravin de la Dame, tristement connu sous le nom de Ravin de la Mort, subissant de très violents bombardements et de nombreuses attaques qu'il repoussera toutes, notamment celle du 7 mai où se distinguèrent, entre autres, le capitaine Michoux qui, par son sang-froid et son calme admirable, sauva la situation, le lieutenant Duperray qui, ganté, la

Pont de Montbairon.

Le bois Nawé, ravin de la Dame.

Verdun.

1916. — Abri 119.
Poste de secours du 99e.

Moulainville.
Les Côtes de Meuse.

La Ferme Thiaumont.

1916. — Abri de combat 118,
de Thiaumont.

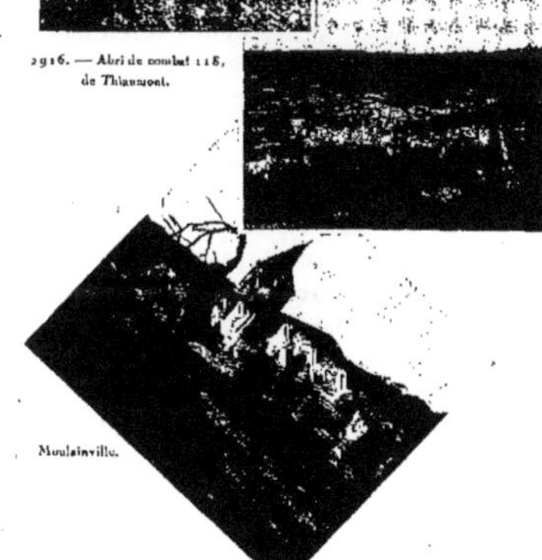

Moulainville.

canne à la main, n'hésitant pas à monter sur la tranchée pour donner l'exemple à ses hommes, se fait tuer (1).

Cette date restera célèbre et permettra plus tard au général Peillard commandant alors la 28e division d'infanterie d'écrire au lieutenant-colonel Borne (2) commandant le 99e régiment d'infanterie :

« Je n'oublierai jamais que le 99e régiment d'infanterie a sauvé mon honneur militaire en résistant le 7 mai, pendant toute la journée, à l'attaque de toute une division allemande. »

A sa relève le régiment rendait le secteur intact ; ce n'est qu'après son départ que les Allemands s'empareront de la Ferme Thiaumont. Il avait subi de lourdes pertes, mais maintenu intégralement ses positions et les avait même améliorées.

(1) A signaler aussi, dans ce combat, la brillante conduite du soldat Verdier, agent de liaison du lieutenant Fabre commandant la 5e compagnie. Par son courage, son sang-froid et son initiative, le soldat Verdier arrêta une infiltration boche qui se produisait en arrière de sa compagnie et fit plusieurs prisonniers.

(2) Le lieutenant-colonel Borne avait pris, le 6 mai, le commandement du régiment en remplacement du lieutenant-colonel Rousselon, blessé très grièvement le 30 avril à Verdun, par un obus qui fit de nombreuses victimes parmi l'État-Major du régiment : lieutenant Marque, officier-adjoint; lieutenant Borcier, porte-drapeau; sous-lieutenant Marquet, officier d'approvisionnement. Blessés : médecin-major Bouissou, chef de musique July.

Quelques jours de repos dans la région de Bar-le-Duc, le temps de se reformer, le 99e prend un secteur. Nombreuses patrouilles et reconnaissances dont une fort remarquable. Le 19 juillet 1916, l'aspirant Westizon et le soldat Robin de la 6e compagnie franchissent, à la pointe du jour, les cinq cents mètres qui séparent nos lignes des lignes allemandes, bondissent dans la tranchée, tuent ou mettent en fuite les occupants et ramènent une mitrailleuse neuve, son affût-trépied et deux caisses de cartouches.

Fontaine de Tavannes.

La tâche du régiment n'était pas encore terminée. Un glissement à gauche et c'est la ruée allemande qu'il faut arrêter une fois encore ! Pas plus à la Laufée qu'ailleurs, l'ennemi ne passera et le 1er août sera pour lui une défaite.

Les Allemands attaquent avec furie la division à laquelle le 99e a été prêté. Deux régiments sont anéantis et le boche arrive à 100 mètres du tunnel de Tavannes. Mais le 99e ne s'est point laissé enfoncer ; son indomptable résistance permet à une brigade coloniale de contre-attaquer avec vigueur et de reprendre le terrain perdu. La journée fut chaude, la ligne un instant entamée fut rétablie par une brillante contre-attaque dirigée par le sous-lieutenant Nury de la 6e compagnie. Cet officier fit des prisonniers et délivra le sergent Jousse, le caporal Verger et le soldat Roquemaure qui pendant deux heures étaient restés aux mains des boches. C'est également au cours de cette contre-attaque que le clairon Clerg de la 6e compagnie, blessé mortellement, répondit à son officier qui l'encourageait :

Le ravin du Fontaine de Tavannes.

« Mon lieutenant, je vais mourir, je le sais, mais je suis heureux, j'ai vu fuir les boches, cela me suffit pour mourir content. »

L'ennemi a subi le 1er août un échec des plus graves, grâce au 99e qui a joué un rôle prépondérant et a justifié une fois de plus sa devise : « On ne passe pas ». Dès cette époque, on peut considérer la ruée allemande sur Verdun par la rive droite de la Meuse comme complètement enrayée.

Le séjour du régiment devait encore se prolonger pendant trois mois à Eix, secteur plus calme, mais où il eut néanmoins de nombreux et violents bombardements à supporter.

Bombardement.
Fontaine de Tavannes.

Pendant le séjour devant Verdun étaient tombés, en dehors des officiers cités précédemment : le capitaine de Malézieu, les lieutenants Duperray, Vallet, les sous-lieutenants Mario, Vincent, Wehrlé, Meyer, Ardiet, Mayoux.

Le 27 décembre, le 99e est envoyé pendant quelques semaines dans la région de Mauvages, lieu de repos, mais sans ressources, et où le froid se fait durement sentir. Il se reforme, s'entraîne par des manœuvres pénibles dans la neige et, au mois de février 1917, nous le retrouvons dans la Somme. On parlait en effet d'une offensive dans cette région.

Cette offensive était la conséquence des résolutions prises par les grands chefs de la coalition, réunis les 15 et 16 novembre à Chantilly, lesquels résolus à profiter le plus tôt possible de leur supériorité sans cesse croissante en effectifs et matériel, avaient arrêté qu'une offensive générale sur tous les fronts aurait lieu, avec le maximum de moyens disponibles, dès le début de 1917. Et c'est pour coopérer à cette offensive que la 28e division avait été transportée de la Meuse dans la Somme.

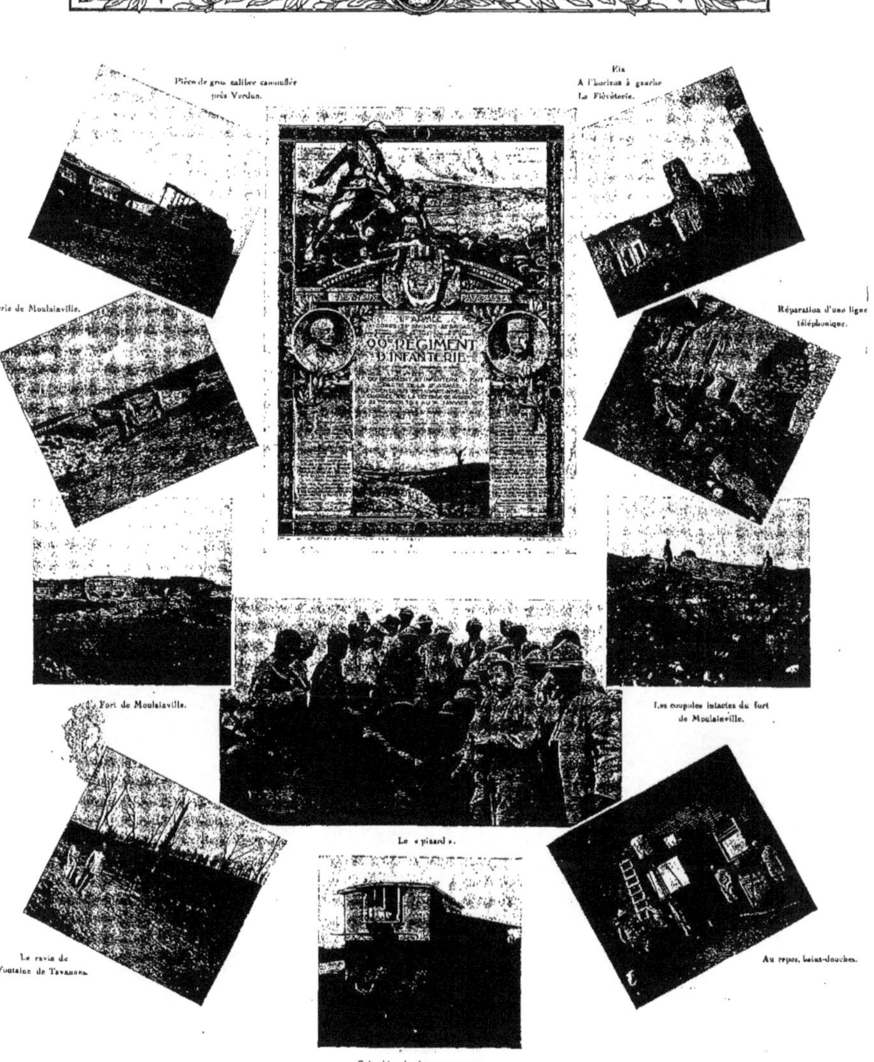

Pièce de gros calibre camouflée près Verdun.

Eix
A l'horizon à gauche
La Flévéterie.

Batterie de Moulainville.

Réparation d'une ligne téléphonique.

Fort de Moulainville.

Les coupoles intactes du fort de Moulainville.

Le « pinard ».

Le ravin de Fontaine de Tavannes.

Au repos, bains-douches.

Colombier à pigeons voyageurs.

VI

LE REPLI ALLEMAND SUR St-QUENTIN

A Somme ! Mais nous la connaissons déjà. Aucun changement depuis 1915 et de la boue en aussi grande quantité. Sitôt débarqués, occupation du secteur de Marquivilliers, où un travail intensif s'impose pour une offensive prochaine. Le froid est excessivement vif, la terre fortement gelée, augmentant les fatigues des hommes.

Cependant, les progrès de nos préparatifs inquiètent le boche. Au mois de mars, à la veille de l'attaque, il rompt le combat et se retire en direction de Saint-Quentin sur une formidable ligne soigneusement préparée. Le régiment talonne l'ennemi et le pousse parfois plus vite qu'il ne voudrait. Ses arrière-gardes sont atteintes à Happincourt.

Les villages du Hamel, Séraucourt-le-Grand, Fontaine-les-Clercs, Castres, Contescourt, sont enlevés de haute lutte, les portes de Saint-Quentin sont en vue. Nous avons à déplorer la mort du sous-lieutenant Gallin.

Quelques faits sont à retenir : le 24 mars, à l'attaque de la cote 98, près de Séraucourt, la 6ᵉ compagnie est arrêtée par un feu violent de mitrailleuses. Blessé une première fois au ventre, l'aspirant Chevillot a encore le courage de se

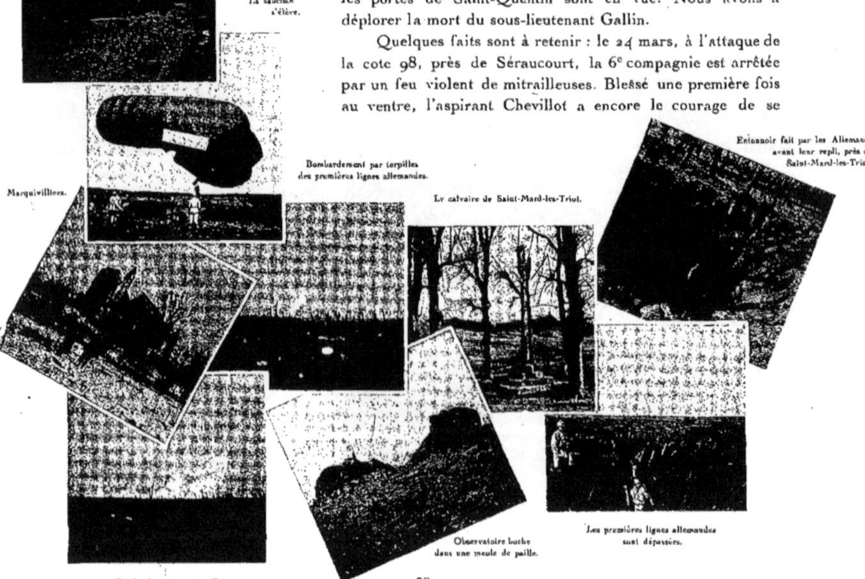

Saucisse défilée.

La saucisse s'élève.

Marquivilliers.

Bombardement par torpilles des premières lignes allemandes.

Entonnoir fait par les Allemands avant leur repli, près de Saint-Mard-les-Triot.

Le calvaire de Saint-Mard-les-Triot.

Observatoire boche dans une meule de paille.

Les premières lignes allemandes sont dépassées.

Bombardement par torpilles des premières lignes allemandes.

redresser et d'entraîner sa section dans un nouveau bond. Il tombe mortellement frappé d'une deuxième balle au moment où il criait " en avant ".

Quelques jours après, la 9ᵉ compagnie doit s'emparer de Fontaine-les-Clercs ; il faut traverser un large plateau battu directement par l'artillerie allemande. Tout se passe comme à la manœuvre avec le même calme et la même tranquillité. Citons encore l'aspirant Thomas de la 2ᵉ compagnie de mitrailleuses qui avec une seule section de mitrailleuses enraye une violente contre-attaque ennemie. La situation devenant stationnaire, le régiment séjournera peu de temps dans la région de Saint-Quentin, il recevra quelques renforts et sera rapidement transporté sur un nouveau théâtre d'opérations : le Chemin-des-Dames.

A la suite des attaques françaises du 16 avril au 6 mai 1917, le front français sur l'Aisne a été rectifié et de Laffaux à Craonne il s'est rapproché du Chemin-des-Dames qu'il englobe même de Cerny à Craonne, offrant ainsi quelques bons observatoires sur la vallée de l'Ailette. Mais l'ennemi ne peut consentir à nous laisser ces observatoires et par des contre-attaques incessantes avec des forces sans cesse renouvelées, il va essayer de nous les enlever. C'est un nouveau Verdun qui recommence où les unités engagées sont usées rapidement. C'est au tour du XIVᵉ corps d'armée, l'un des meilleurs de l'armée française à prendre part à la relève, et comme à Verdun il sera l'un de ceux qui seront maintenus le plus longtemps dans ce nouvel enfer.

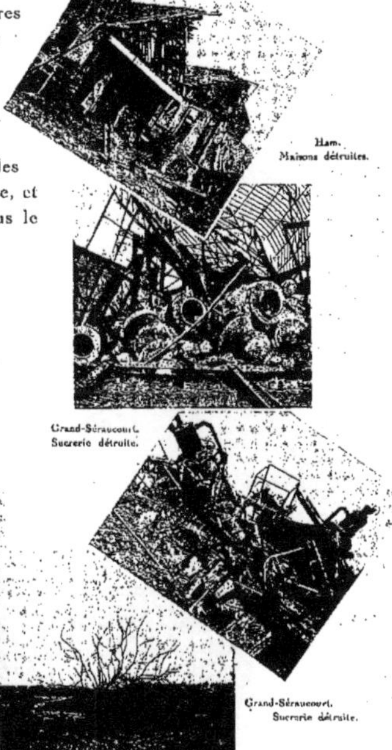

Château de Ham.
Le chêne de l'Empereur.

Ham.
Maisons détruites.

Grand-Séraucourt.
Sucrerie détruite.

Grand-Séraucourt.
Sucrerie détruite.

Destructions boches avant leur repli.

Pommiers coupés par les boches avant leur repli.

VII

AU CHEMIN-DES-DAMES

La résistance du 99e

Auto-mitrailleuses.

NOUS sommes à la fin du printemps, l'Aisne tranquille coule au milieu des prairies, à l'ombre de grands peupliers ; le canal est encombré de nombreuses péniches qui, bloquées dans leur marche, servent de cantonnement de repos ; à flanc de coteau on aperçoit l'ouverture des fameuses ''creutes''. Puis voici le plateau, véritable paysage lunaire, où la tourmente faisant rage enterre les uns, en déterrant les autres. Derrière enfin, l'Ailette, dont le nom à jamais célèbre, doit rappeler d'amers souvenirs aux Allemands.

Sur le plateau le régiment prend une situation de fin d'attaque à la Bovelle. Il supporte de violents bombardements et subit des contre-attaques acharnées. Il résiste au prix de grands sacrifices ; le 3e bataillon (commandant Varvier) se fera tuer sur place avant de céder une petite parcelle de terrain.

Rendons un hommage ému aux braves tombés au cours de cette dure période : aux lieutenants Champagnac et Meygret-Collet, au lieutenant Aurran, commandant la 9e compagnie, au sous-lieutenant Roudet, tombé en défendant à la grenade l'accès d'un boyau, au sous-lieutenant Jacquemin dont le sang-froid fut admirable, au capitaine Fabre, au capitaine Kléber qui,

11 Septembre 1917. Le général Marjoulet assiste à l'inhumation des héros tombés au combat de Crouy en Juin 1916.

Corvée de pinard.

Le drapeau du 99e.

État-major du 99e.

Auto-canon contre avions.

Musique du 99e à Bourg-et-Comin.

avec une poignée de braves, charge, revolver au poing, se bat à la grenade, semant le désarroi dans les rangs de l'ennemi, le contraignant à se replier sur sa ligne de départ et rétablissant ainsi la situation. Frappé d'une balle en pleine tête, il meurt comme il l'avait rêvé : pour sa Patrie.

Citons encore quelques phrases dignes de héros. C'est le tireur Guillard de la 1re compagnie de mitrailleuses qui, se voyant presque entouré, continue froidement son tir en disant : '' Après tout, on ne meurt qu'une fois '' et tombe, mortellement frappé.

C'est le soldat Chapus, autre tireur de la 1re compagnie de mitrailleuses qui, blessé déjà au poste de secours, entendant le bombardement préparatoire à l'attaque, part en disant :

'' Un mitrailleur doit être à sa place quand ça barde. ''

Blessé une deuxième fois, Chapus a encore le courage de sauver sa pièce et, en la remettant à son officier, lui dit :

'' Je suis tireur, on m'a confié une pièce, la voici''.

C'est le soldat Lamma de la 11e compagnie, qui, debout sur la tranchée, malgré le bombardement, sans vareuse, manches retroussées, une caisse de grenades à ses côtés, s'écrie : '' Qu'ils y viennent !''.

Pendant plus d'un quart d'heure, il défend, à lui seul, l'accès d'un boyau et finalement tombe mortellement atteint.

La compagnie du 9e mixte dépêchée le 21 mai 1917, pour

Route camouflée.
Les cuisines
à Bourg-et-Comin.

Chemin-des-Dames.
En blanc : la chaussée.

Poste optique :
le chien sentinelle.

appuyer le 3e bataillon entre en ligne sous un violent marmitage. Cette unité, se composant de 127 hommes, a eu le capitaine blessé grièvement, 3 sous-lieutenants tués et 97 hommes tués ou blessés.

Un deuxième séjour dans un secteur plus à gauche, à Cerny, va augmenter encore les fatigues du régiment. Cette période sera un peu plus calme que la première ; mais il y aura néanmoins quelques sérieux bombardements et quelques violentes attaques à supporter.

Le 10 juin, le commandant Multrier déclanche une vigoureuse contre-attaque qui reprend tout le terrain perdu et fait des prisonniers. Il est grièvement blessé en exécutant une reconnaissance en première ligne. Le sous-lieutenant Mollingal se fait remarquer par son sang-froid et son courage ; un obus de gros calibre ayant blessé grièvement et enterré son commandant, il n'hésite pas à le secourir quoique commotionné lui-même et ayant perdu son masque, et à le transporter

Cadavre boche déterré
par les obus.

Sucrerie
de Cerny.

Guetteur observant au périscope.

sur ses épaules malgré un tir violent d'obus toxiques et de gros calibres. Tous ces magnifiques actes de courage montrent combien la bataille fut acharnée et combien dure, opiniâtre, fut la résistance du régiment malgré de très lourdes pertes. Le 23 juin, il est enlevé en camion, transporté dans la région de Montdidier, où il prend quelques jours de repos dans des villages à moitié démolis, il se reforme, fait quelques manœuvres et, le 15 juillet, monte en ligne dans un secteur calme des bords de l'Oise.

Il y demeure à peine un mois. Nouvelle relève, nouvelle étape et c'est l'arrivée près de Soissons.

Depuis que le général Pétain avait succédé au général Nivelle, toute idée de grande offensive avait été momentanément écartée. En effet, estimant que les forces des deux adversaires se faisaient trop équilibre pour qu'il y eut chance d'obtenir alors une décision, le général Pétain fit adopter par le comité de guerre ses idées : Maintenir l'ennemi sous une constante menace, l'atteindre par des attaques soigneusement préparées et vigoureusement exécutées en se bornant à l'enlèvement, avec le minimum de pertes, d'objectifs limités, rétablir et maintenir la confiance de la troupe et sa puissance offensive et gagner ainsi le temps nécessaire jusqu'au jour où nos forces grossies par les contingents américains et disposant d'un nouveau et puissant matériel, nous assureraient sur l'ennemi une supériorité incontestable nous permettant de passer enfin à l'offensive décisive.

C'est ainsi qu'en juin et en juillet on se battit sur les monts de Champagne où nous conquîmes la crête du massif de Moronvillers.

Du 13 août au 15 septembre, diverses actions engagées sur les deux rives de la Meuse, nous procurèrent la possession de la cote 304 et du Mort-Homme, de Talou et de la cote 344.

L'envoi du XIVᵉ corps d'armée dans la vallée de l'Aisne était à son tour une conséquence des nouvelles directives du général en chef.

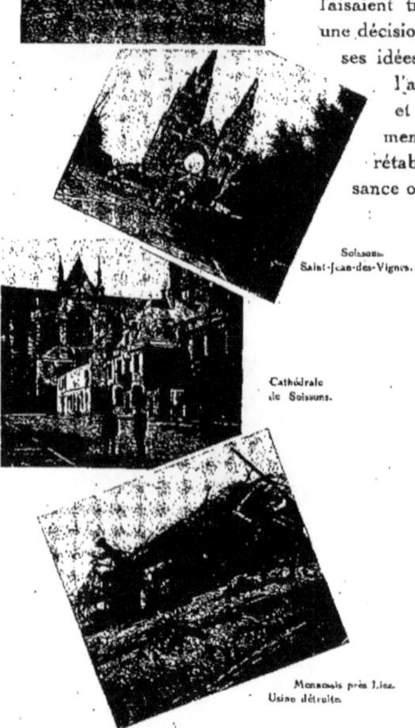

Ravitaillement en eau du secteur de Cerny.

Soissons.
Saint-Jean-des-Vignes.

Cathédrale
de Soissons.

Monampteuil près Liez.
Usine détruite.

Visite du général Pétain à Rollot (Juin 1917).

VIII

L'OFFENSIVE DE LA MALMAISON

Le rôle du 99ᵉ

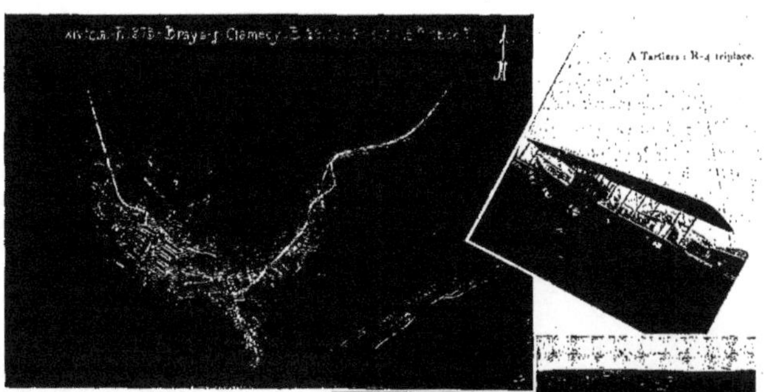

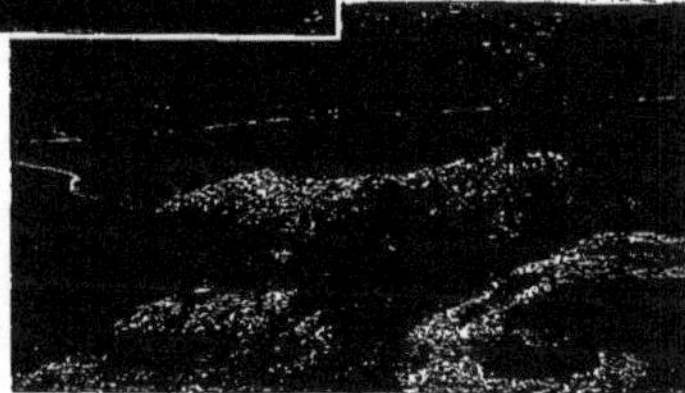

Laffaux (Aisne).
Les ruines de l'église.
(Vergnol, édit., Soissons).

Tank Saint-Chamond.

A Tartiers : R-4 triplace.

NOUS connaissions déjà la vallée de l'Aisne, ce que nous ignorions, c'était le but de notre voyage.

Notre incertitude ne devait pas durer longtemps. Une grande offensive était en préparation, nous en étions.

Dans cette offensive à objectif limité, destinée à faire tomber le bastion du Chemin-des-Dames, le 99ᵉ jouera, le 2 octobre 1917, un rôle brillant en enlevant avec élan tous les objectifs qui lui étaient assignés et le 25 en exploitant le succès de la division par la conquête du "Doigt d'Ailleval", position essentielle pour nous assurer la maîtrise du terrain au sud de l'Ailette. Le détachement mixte, sous les ordres du capitaine Piastri, contribua par ses nettoyages de creutes, à la réussite de l'attaque.

L'entrain, la vigueur, la méthode avec lesquels furent menées les opérations, valurent au régiment l'élogieuse citation qui suit.

« Le 23 octobre 1917, sous les ordres du Lieutenant-colonel Borne, a enlevé devant son front toutes les lignes allemandes, attaqué et réduit les creutes organisées servant d'abri à l'ennemi. Le 25 octobre, a successivement enlevé une ligne de tranchées, encerclé un village, réduit plusieurs centres de résistance et conquis le terrain jusqu'à l'Ailette, réalisant une avance de plus de cinq kilomètres dans les organisations ennemies. A fait, au cours de ces deux journées, plus de 1.400 prisonniers et pris un important matériel. »

Signé : MAISTRE.

C'est la deuxième citation du régiment. Aussi, le 10 novembre 1917, dans une cérémonie solennelle à Soissons, le général en chef a remis la fourragère au drapeau du 99ᵉ, devant une délégation du corps.

Un fait d'armes parmi tant d'autres doit être mentionné. C'est celui de l'adjudant Coustère qui commandait l'ensemble des équipes de Schilt.

Précédant les vagues d'assaut, il atteint les entrées de la grande " creute ", les nettoie, quand, brusquement les deux hommes qui étaient avec lui tombent frappés par une balle et lui-même est entraîné par les boches au fond de la creute. Dans cet immense abri devenu souricière, c'est le désarroi de la défaite. On court, on téléphone, des soldats parlent de se rendre, le major refuse,

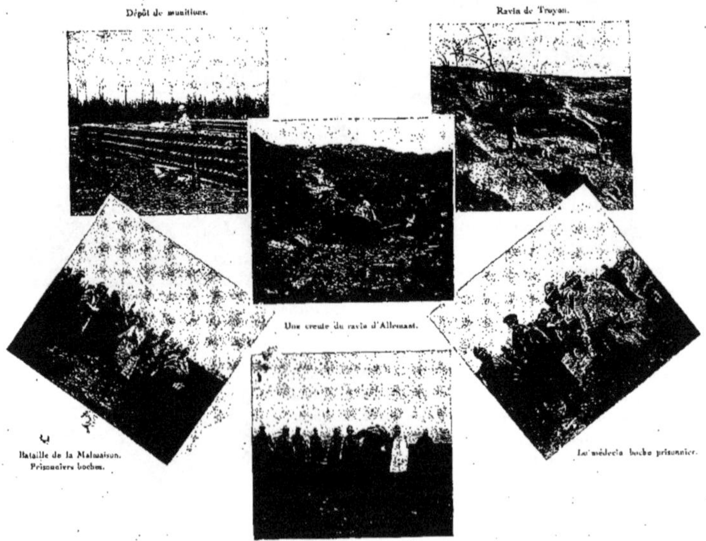

quand soudain, les grenades suffocantes tombent par les " cheminées ". Alors un officier boche s'approche de Coustère et lui dit :

« Si vos camarades veulent ne pas tirer, nous nous rendons tous, sinon nous avons des vivres « et des munitions : nous pouvons nous défendre. Dites-le bien. Mais si vous ajoutez en français « des paroles que nous ne comprenions pas, je vous brûle la cervelle. »

Coustère promet, bondit vers une sortie, appelle les Français et quelques instants après, cinq cents prisonniers, officiers en tête, sortent de la creute.

Dans cette période sont tombés : les lieutenants Barles, Reynaud, le sous-lieutenant Sogno.

Fier et satisfait des résultats obtenus au cours de l'année 1917, le régiment allait vivre des jours tranquilles dans un repos bien mérité dans la région de Compiègne, au milieu de riches vallées et de magnifiques forêts. Le repos était réparateur. Un mois à peine s'est-il écoulé, qu'un brusque enlèvement en camions nous transporte dans la région de Saint-Quentin, où nous organisons une ligne de défense. Puis, embarquement pour le Camp de Mailly où, malgré le froid et la neige, nous ferons de longues manœuvres. Enfin, nouvel embarquement pour l'Alsace où notre séjour va durer près de trois mois dans la même région qu'en janvier 1916.

Mais vers la fin de mars éclate en coup de foudre la formidable offensive allemande qui veut tout détruire, tout enfoncer, et nous mettre à genoux.

Remise de la fourragère au drapeau du 99e par le général Pétain.

Boches transportant leurs blessés
au moyen de toiles de tente.

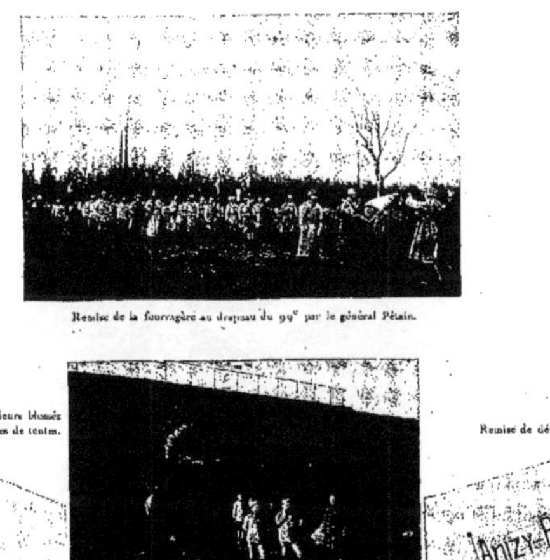

Au pied du Mont des Singes.

Remise de décorations.

IX

LA BATAILLE DES MONTS (Belgique)

Le rôle décisif du 99ᵉ

NOUS nous embarquons précipitamment à Belfort et après cinquante-deux heures de trajet en chemin de fer, nous arrivons en Belgique où la présence des troupes françaises est indispensable.

L'Allemand triomphe, encore un effort et la route de Calais lui est ouverte. Sans retard, nous sommes lancés dans la bataille et nous nous accrochons aux pentes du Mont Kemmel, massif boisé, aéré et un peu sauvage, tranchant vivement sur l'ensemble de la contrée

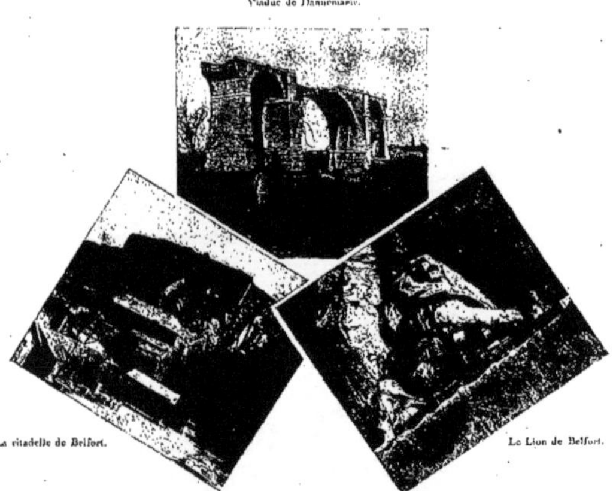

environnante. Le Mont domine la grande plaine agricole et manufacturière, les cultures, les fermes, les usines d'Armentières et de Lille. De ce belvédère on découvre à ses pieds tout le panorama des Flandres.

Dans ce séjour, deux périodes sont à considérer. La première, du 16 au 24 avril, au cours de laquelle le 99ᵉ est en première ligne. La deuxième, du 24 au 26, où le régiment est en réserve pour préparer une opération offensive destinée à dégager les positions entre Kemmel et Wytschaete.

Au cours de la première, dès le 16, l'intervention rapide de nos compagnies parvient à rétablir la cohésion du front allié. Les Anglais décimés, pressés, ont laissé des trous dans leur ligne, notre arrivée interdit l'infiltration et arrête net la poussée de l'ennemi.

Durant la deuxième le 99ᵉ, obligé d'abandonner complètement sa première mission, arrête la poussée allemande sur la ligne Locre-Millekruisse, avec centre principal de résistance le Scherpenberg et permet l'arrivée et l'installation complète de la 39ᵉ division d'infanterie.

Citons quelques faits ayant trait à la première période.

Anglais et Français au Kemmel.

Au cours d'une patrouille offensive, le sous-lieutenant Fugier-Garel, de la 5ᵉ compagnie, ramène huit prisonniers en accomplissant une mission de reconnaissance. Pendant l'attaque allemande du 18 avril, l'aspirant Arragon, de la 2ᵉ compagnie de mitrailleuses, n'hésite pas à mettre sa pièce en plein champ pour arrêter une attaque ennemie. Son tireur tué, il prend sa place et tombe à son tour. Le caporal Guillaud remplace son chef de section et s'affaisse mortellement frappé. Successivement les quatre servants tombent tués ou grièvement blessés. Alors seulement, la pièce cesse son tir.

Notre résistance a fait échouer les premières tentatives ennemies. Mais la possession de nos côtes de la mer du Nord a pour les Allemands une importance trop capitale pour qu'ils ne s'efforcent point de les atteindre par une suprême tentative. Celle-ci a lieu le 25 avril.

Dans la nuit du 23 au 24, le régiment, laissant un bataillon au Mont Kemmel, comme garnison du Mont, est relevé par le 30ᵉ et le 416ᵉ régiments d'infanterie et prend une position de deuxième ligne, Scherpenberg-la Clytte.

Le 25, à 2 h. 30, la préparation de l'attaque allemande commence. C'était une préparation du type de Verdun, mais d'une puissance dépassant les plus monstrueux écrasements de Thiaumont et de la cote 304, avec proportion énorme d'obus toxiques. La nature de ces gaz n'était pas celle de l'hypérite qui s'attache au sol et le rend inhabitable pour longtemps ; c'étaient des gaz nouveaux, à effet subit, passager, produisant une grande gêne de la respiration, une sensation soudaine d'accablement et de torpeur.

L'attaque se prononce sous une brume épaisse, un peu avant 6 heures. La situation est grave, les régiments de première ligne ayant été littéralement anéantis ; mais une prompte résistance organisée par le 99ᵉ, sur la ligne des Monts, en arrière du Kemmel, oblige l'ennemi à s'arrêter. Cette attaque brisée, la route de Calais lui était désormais fermée.

Étaient tombés : les lieutenants Chapuis, Goudin, Gaurant, Mollingal.

De cet exposé sommaire et rigoureusement conforme aux documents et aux témoignages, il résulte que le 99ᵉ a rétabli la situation à deux moments très critiques.

Le 17, au soir, par son intervention parmi les unités anglaises disjointes, il a permis à celles-ci de se ressaisir et de fixer leurs lignes ; le 18, au matin, il a fait échouer la première tentative en force de l'ennemi contre le Kemmel.

Le 25, par la résistance de son 3ᵉ bataillon au Kemmel, par l'intervention rapide des deux autres, la hâte avec laquelle ils organisèrent une ligne de feu, malgré l'acharnement des barrages ennemis, il a empêché que la prise du Kemmel ne fût suivie de l'enlèvement du Scherpenberg et d'une rupture désastreuse de notre front.

Le régiment ne doit pas hésiter à revendiquer la plus large part de gloire dans cet échec retentissant de l'attaque allemande. Le rôle prépondérant joué par le régiment dans cette bataille est entièrement résumé dans la citation à l'Armée, du lieutenant-colonel commandant le 99e régiment d'infanterie.

ORDRE GÉNÉRAL N° 3, du 4 mai 1918.

Le général de Mitry, commandant le détachement d'Armée du Nord, cite à l'ordre de l'armée le lieutenant-colonel Borne, du 99e régiment d'infanterie :

« Vient à nouveau de donner les plus belles preuves de sa fermeté morale et de sa valeur de chef. Pendant les attaques violentes subies par la division et malgré les pertes éprouvées, a rallié rapidement les unités restantes de son régiment sur une position nouvelle où il a définitivement arrêté l'ennemi. »

Signé : De MITRY.

Lieutenant-colonel Borne.

Le gouvernement belge, enfin éclairé sur l'importance du rôle joué par le 99e au Kemmel, l'a consacré à son tour par la citation N° 10131 accordée le 25 octobre 1921 au lieutenant-colonel commandant le régiment, par S. M. Albert Ier, et qui se termine par ces mots concluants :

« ... et parvenant à rétablir, dans la journée du 25 avril, la ligne française à Scherpenberg, la Clytte et Millekruisse. »

Quelques jours avaient suffi pour réduire à peu de chose le beau régiment qu'était le 99e au début de 1918. Il fallait le reformer. C'est dans cette intention qu'il fut amené dans la région de Châlons-sur-Marne.

X

LE 99ᵉ A LA MONTAGNE DE REIMS

DES renforts arrivés de régiments dissous vont grossir nos rangs et déjà le bruit se répand que nous allons relever dans le secteur des Monts de Champagne. Une nouvelle attaque allemande foudroyante par sa rapidité nous fait prendre la direction de Reims.

Le 27 mai, le front français était déchiré sur une largeur de 60 kilomètres et une profondeur de plus de 20 ; l'armée von Boehn balayait les débris du front brisé, les roulait, les submergeait, et tout le pays entre Aisne et Vesle, rempli de matériel accumulé, de parcs, de camps, de dépôts, de formations sanitaires, était raflé en quarante-huit heures. La diversion allemande, sur un front mal préparé à recevoir le choc, avait produit une sorte d'écroulement qui semblait ouvrir avec l'accès de la Marne, la route de Paris. Mais la porte étant enfoncée, il était indispensable que les deux piliers de l'entrée restassent entre nos mains : d'un côté la forêt de Villers-Cotterets, de l'autre Reims et sa montagne. Si nous gardions les deux positions, point n'était besoin d'être grand stratège pour estimer que l'Allemand créait une nasse énorme où se faire prendre le jour où nous serions en mesure d'attaquer sur ses flancs. C'est alors que la 28ᵉ division alertée vient faire partie d'un groupement de fortune destiné à faire front au centre de la 5ᵉ armée et à étayer résolument "le pilier de Reims".

Reims,
Cathédrale.

Reims,
Hôtel-de-Ville.

Reims, fontaine Subé.

La marche s'exécute avec peine, la nuit et le jour, sur une route extraordinairement encombrée de convois montants et descendants et parmi l'exode des civils poussés par le flux ennemi. Sur la droite Reims flambe. Le 29 mai, les bataillons sont en place, à la disposition de la 45ᵉ division (général Naulin), faisant partie du 1ᵉʳ corps d'armée (général Maziller). Ils sont prêtés aux unités qui ont subi l'attaque et qui, péniblement, essaient de la contenir. En vingt-six heures, le régiment avait fait dans des conditions particulièrement dures, une étape qui fut comparée dans un ordre du jour, à la marche fameuse de la division Masséna à Rivoli : plus de soixante kilomètres avaient été couverts sans laisser un traînard (soixante-huit kilomètres pour le 2ᵉ bataillon). La ligne occupée est jalonnée par Coulommes, cote 240, Sud de Mery, Prémecy, Aubilly. Ce sont les points d'appui principaux avec la cote 240 comme clef. Si la position est perdue, Reims découvert tombe fatalement aux mains des boches et toute la nouvelle ligne française s'écroule. Il faut donc tenir à tout prix.

Avec une énergie indomptable, le 99e résistera pendant douze jours aux assauts furieux et répétés d'un ennemi qui ne reculera devant aucun procédé pour lui permettre de forcer nos lignes, mais le boche ne passera pas.

Le 31 mai, le 1er bataillon (commandant Fourquet) s'accroche à la cote 113, et par des contre-attaques vigoureuses s'assure les lisières du bois de Beneuil devant Aubilly.

La stabilisation n'était pas encore assurée que le régiment recevait l'ordre de repli pour occuper la ligne des réduits face à l'Est. Le 3e bataillon occupait la cote 240, objectif principal de l'ennemi. Il eut été dangereux de la dégarnir. Le commandant du bataillon (capitaine Coste) devant l'imminence de la poussée allemande, qui déjà refoulait les coloniaux, offrit spontanément au général Noguès commandant la brigade coloniale de marche, de rester à ce poste, point capital à défendre, et s'y installa.

Le 31 mai, à midi 30, il est attaqué violemment après un gros bombardement. Les pertes sont sensibles, sur un terrain sans abris défensifs autres que des éléments à peine amorcés de tranchée, mais pas un pouce de terrain n'est cédé : l'attaque boche échoue. Le lieutenant-colonel de Guiny commandant le groupement envoie l'ordre du jour suivant : " Le lieutenant-colonel de Guiny félicite et remercie le capitaine Coste personnellement, et les cadres et soldats du 3e bataillon du 99e pour leur action énergique et pleine de sang-froid au cours de l'attaque du 31 mai 1918 à la cote 240. Il leur transmet les félicitations du général Naulin commandant la 45e division ".

Le 1er juin, un message du général en chef ordonnait à toutes les troupes " de cesser tout repli et de sauvegarder le pays et l'honneur des armes ".

A 19 heures 45, un terrifiant marmitage renforcé de torpilles s'acharne sur la cote 240. Le boche, en masse, bouscule notre première ligne, prend pied sur le plateau, pénètre jusqu'aux sections de réserve. Dans ces conjectures tragiques, le capitaine Coste, commandant le bataillon, ses officiers et gradés, payant de leur personne, donnant l'exemple vivant du sang-froid, rallient les hommes égaillés mais dociles. Les agents de liaison, les téléphonistes se précipitent l'arme à la main pour se joindre à eux. Pas un seul homme ne reste isolé. Sous le feu des mitrailleuses qui balaye le plateau, la contre-attaque se développe, farouche, au fusil, à la baïonnette, corps à corps, sans merci et sans quartier, où le boche est vaincu. Pas de prisonniers valides, seuls des cadavres ennemis jalonnent le terrain de combat. Le reste des assaillants dévale les pentes du Nord. Des prisonniers blessés et des mitrailleuses sont capturés, la position rétablie dans son intégrité ; la cote 240, pilier de la défense de Reims, était encore à nous.

La fanion du 3e bataillon décoré de la Croix de guerre avec palme.

Les pertes subies par le 3e bataillon dans les combats des 31 mai et 1er juin s'élevèrent à 224 tués et blessés. Il ne laissa pas un seul homme aux mains de l'ennemi. Il ne comptait plus que 183 combattants et ses pièces de mitrailleuses étaient réduites de 12 à 3.

Malgré ces assauts formidables, le 3e bataillon n'avait pas reculé d'un pas : il avait sauvegardé l'honneur des armes. Aussi le 19 juin 1918, le général Noguès écrivait au capitaine Coste : " On vous doit en bonne partie le salut de Reims ".

Pour sa brillante conduite, le 3ᵉ bataillon fut cité à l'ordre de l'armée, dans les termes suivants :

ORDRE GÉNÉRAL Nᵒ 518, du 23 juin 1918.

Le général commandant la 5ᵉ Armée, cite à l'ordre de l'armée le 3ᵉ bataillon du 99ᵉ régiment d'infanterie :

« Ayant été chargé de tenir coûte que coûte une très importante position, a, sous l'énergique et habile direction de son chef, le capitaine Coste, et malgré l'extrême fatigue résultant de deux marches forcées, résisté à plusieurs attaques ennemies, accompagnées de bombardements intenses par obus, torpilles, obus toxiques et de violents tirs de mitrailleuses, a maintenu intégralement la position qui lui était confiée, pris des mitrailleuses et fait des prisonniers. » Signé : BUAT.

Les jours suivants sont caractérisés par des bombardements intensifs de notre position avec profusion d'obus toxiques. Le 6, nouvelle attaque boche, complètement repoussée. Le 9, bombarde-

Commandant Coste.

ment. Les éléments de réserve littéralement asphyxiés malgré le masque, l'air n'arrivant plus, sont contraints d'évacuer la tranchée où le toxique s'accumule et de rester en terrain découvert.

Le 1ᵉʳ bataillon, violemment attaqué, contre-attaque en liaison avec le 43ᵉ colonial, rejette les boches qui avaient pris pied sur le plateau. Un obus blesse à mort son chef, le commandant Fourquet, à son poste de combat.

En sauvegardant l'intégrité de ses positions, le 99ᵉ a contribué pour une part glorieuse à la défense du sol français et même par avance, à l'échec de l'offensive allemande du 15 juillet 1918, qui, en ce point capital de la ligne de bataille, s'est usée contre ses précieuses positions.

Rappelons avec émotion le souvenir du commandant Fourquet, du capitaine Olchanski, du lieutenant Peyrassol, des sous-lieutenants Brun, Marinet, Cornand, Guérard, Defournel, Fangeat, Bernard, et de tous les sous-officiers, caporaux et soldats tombés au champ d'honneur dans cette région.

Du 10 au 12 juin, le 99ᵉ est relevé par un régiment d'infanterie italien. Il est envoyé en Lorraine où, pendant deux mois, il occupe un secteur et procède à de nombreux coups de main.

Nous y perdons le lieutenant Grandcourt, le sous-lieutenant de Milly.

XI

L'OFFENSIVE EN CHAMPAGNE

26 Septembre 1918

ENTRE temps, tous les puissants efforts allemands ont été brisés et la victoire commence à nous sourire. Gros succès français partout ; l'ennemi à son tour, durement malmené, chancelle. Nouveau voyage en chemin de fer, quelques jours d'entraînement à l'arrière, transport en camions, et une fois de plus nous arrivons en Champagne pour l'attaque du 26 septembre. Pour comprendre le rôle ingrat qu'allait jouer le régiment au cours de cette offensive, il est nécessaire d'avoir une idée nette de la zone où il allait manœuvrer à partir du 30 septembre, jour où il prend l'attaque à son compte.

Une vallée assez resserrée au fond de laquelle nous trouvons une rivière : la Py ; une voie ferrée en remblai, un village entièrement démoli, mais véritable forteresse barrant complètement le passage : Sainte-Marie-à-Py. De chaque côté de la rivière, deux plateaux sensiblement de même hauteur aux flancs abrupts sur la vallée, aux pentes beaucoup plus douces à l'extérieur et légèrement ravinées. Si on ajoute que le plateau occupé par les boches est puissamment organisé, solidement tenu par des troupes d'élite armées de nombreuses mitrailleuses, que le bois du Fourmillier sur ce plateau est un nid de batteries allemandes, on se rendra compte aisément des difficultés que le régiment rencontrera à chaque essai de progression, chaque fois que ses compagnies voudront essayer de franchir la vallée et d'atteindre la crête ennemie.

Avant l'attaque : pièce de gros calibre.

Le 99e n'intervient pas tout de suite ; pendant quelques jours il reste en réserve de corps d'armée, puis le 30 septembre, par franchissement de lignes, il prend l'attaque à son compte. L'ordre est de déborder l'objectif en passant à droite sur le terrain de la division voisine. Opération délicate et dangereuse par suite du manque de défilements. L'attaque a lieu. Le feu de nombreuses mitrailleuses ennemies, le tir serré d'artillerie causent aussitôt de lourdes pertes en officiers et en hommes et paralysent l'assaut dès le débouché. De nouvelles attaques ont lieu, toujours avec le même entrain et parfois sans appui d'artillerie. Elles s'efforcent de progresser par petits bonds et parviennent à gagner du terrain au prix de pertes sanglantes causées par le tir acharné des mitrailleuses. Dans la nuit du 2 au 3 octobre 1918, le régiment est regroupé ; la nuit suivante, il est ramené au Camp de Châlons. Harassé, il n'eut pas une nuit de repos, car le 4 au soir il recevait l'ordre d'aller occuper d'urgence un nouveau secteur : celui des Monts de Champagne. Au lever du jour, le 5 octobre, le régiment est alerté en vue de poursuivre l'ennemi dont le repli semble s'annoncer.

La progression, d'abord aisée, ne devait pas tarder à devenir difficile, lorsque nous allions nous heurter aux fortes arrière-gardes ennemies armées de nombreuses mitrailleuses qui tenaient le village de Selles et les croupes qui dominent la Suippe au Nord.

Le 6 octobre, le colonel reçut deux ordres successifs : d'abord celui de reconnaître Selles avec une compagnie allégée sans se maintenir dans la position, puis celui d'enlever le village.

Deux reconnaissances constatant que le village est fortement tenu, le 3e bataillon reçoit l'ordre de l'attaquer. L'opération conduite par le commandant Coste doit avoir lieu à la tombée de la nuit. L'artillerie française arrose les crêtes, la 10e compagnie sous le commandement du lieutenant Sabaty aborde Selles, l'encercle. De nombreuses mitrailleuses entrent alors en action dans le village. Un combat de rues s'engage. La 10e compagnie se reforme à la sortie Sud-Ouest du village en emmenant un fort groupe de prisonniers.

C'est à cette attaque que le sergent Madelmont de la 10e compagnie, après avoir fait huit prisonniers avec sa fraction, tombe sous le feu d'une mitrailleuse ennemie placée non loin de lui. N'ayant aucun abri, il commande : " En ordre, suivez-moi ! ", et descend dans la Suippe ayant de l'eau jusqu'à la ceinture. Ainsi abrité par la berge de la rivière, il continue le combat. Plus tard, il ramènera tous les hommes en lieu sûr.

Rompant le combat le 6 au soir, le régiment était regroupé le 7 au matin dans ses positions de départ, dans l'état d'épuisement extrême où l'avaient mis onze jours et onze nuits de marches et de combats sans un moment de répit, mais ayant toutefois un excellent moral que n'avaient fait qu'accroître le recul des boches et les excellentes nouvelles parvenues de tous les fronts.

Les pertes pendant cette période avaient été sérieuses ; plusieurs officiers étaient morts en faisant bravement leur devoir : le capitaine Orsini, les lieutenants Depierre, Jeanny, Rousseau, les sous-lieutenants Caveye et Fondimare ; nombreux aussi furent les blessés.

Mais dès ce moment, la ligne Hindenburg était en fait brisée ; le champ de bataille, de la mer à Verdun, est complètement transformé. S'étant vu arracher les trois-quarts de la terre française tenue le 8 août encore, les Allemands n'ont plus qu'un espoir : tenir coûte que coûte, pour nous arrêter deux ou trois semaines devant leur ligne de défense. Ils savent que la défaite est irréparable. L'aveu s'en inscrivait déjà dans la demande d'armistice adressée, sur l'initiative, puis sur les instances pressantes de l'Etat-Major lui-même, par le nouveau chancelier au président Woodrow Wilson. Le maréchal Foch suit d'un œil attentif l'événement. Il sait l'ennemi déjà aux abois, et il poursuit point par point l'exécution de son programme.

Tank Renault.

Il crie à tous : « Pressons, pressons, bousculons, exploitons : En avant ! »

L'assaut sur tout le front est repris.

Prisonniers boches.

XII

LE 99ᵉ AUX AFFAIRES DE L'AISNE

E 19 octobre, au matin, nous sommes de nouveau en position de soutien d'une attaque menée par une autre division. Le 20 octobre, le régiment, opérant pour son compte, relève dans le secteur de Gomont. Il y subit d'abord une violente contre-attaque. Les difficultés de la relève augmentées de l'indécision absolue où l'on se trouve sur la véritable situation des troupes à relever, la faiblesse de nos effectifs ont singulièrement facilité la tâche de l'ennemi. Celui-ci se tient sur ses gardes, réagit par des tirs d'artillerie très nourris sur l'arrière, gênant ainsi les ravitaillements. Le 24 dans l'après-midi, l'artillerie commence ses tirs pour l'ouverture des brèches dans les réseaux.

Le 25 octobre, l'attaque est reprise ; une fumée intense rend toute observation impossible. Le poste de commandement du régiment est dédoublé par l'établissement d'un poste de commandement avancé occupé par le commandant Nativelle. De nombreux tirs de mitrailleuses, des obus toxiques rendent la progression difficile ; néanmoins, le 3ᵉ bataillon atteint la fameuse ligne Hunding-Stellung. La 11ᵐᵉ compagnie, sous le commandement du lieutenant Sabineu, qui a conquis son premier objectif,

Lieutenant Sabineu.

poursuit la lutte sur celui qui était assigné à nos voisins. Elle en réduit les occupants, fait plus de 200 prisonniers, capture un important matériel dont un canon de 77 avec ses servants et plusieurs mitrailleuses. Cette action de la 11ᵐᵉ compagnie dégage le front du régiment voisin, qui peut atteindre

son objectif. Le lieutenant Sabineu reçut la croix de chevalier de la Légion d'honneur et la compagnie fut citée à l'ordre de la division dans les termes suivants :

ORDRE DE LA DIVISION N° 90, du 16 novembre 1918

Le général Madelin, commandant la 28e division d'infanterie, cite à l'ordre de la division, la 11e compagnie du 99e régiment d'infanterie :

« Chargée d'attaquer une importante position ennemie fortement défendue par des troupes d'élite, munies de nombreuses mitrailleuses, a, sous les ordres du lieutenant Sabineu, abordé la position avec un entrain admirable, s'en est emparé après une violente lutte corps à corps et à la grenade et a fait environ 200 prisonniers. A capturé également un canon de 77 avec ses huit servants et un important matériel dont plusieurs mitrailleuses. »

Signé : MADELIN.

Le 26, l'attaque continue ; le 27, dès 8 heures, on signale un calme anormal dans le secteur ; nos hommes peuvent se montrer sans recevoir des coups de feu. Les reconnaissances progressent d'abord facilement, mais l'ennemi n'est pas loin. En fin de journée, il opposera une vive résistance.

L'avance se poursuit, très dure, souvent homme par homme. Chacun fait preuve d'un courage, d'une énergie et d'une endurance au-dessus de tout éloge. Néanmoins, le régiment est presque à bout. Son effectif est excessivement réduit et ses hommes harassés. Le 30 octobre, à 18 heures, la 5e compagnie à l'effectif de 27 hommes, sous le commandement du lieutenant Rage, s'empare du bois Marteau et fait une centaine de prisonniers. Cette position est reprise par l'ennemi le soir de cette même journée, vers 20 heures. Le 31, la 6e compagnie, renforcée de deux sections d'infanterie coloniale, commandée par le lieutenant Reynès, réattaque à 4 heures du matin, reprend le bois Marteau,

Mitrailleur boche.

et fait plus de 100 prisonniers dont 3 officiers. Le 2 novembre 1918, au matin, le 99e va au repos.

Pendant quatorze jours, en dépit de ses pertes et de la fatigue des hommes dont la majeure partie a été plus ou moins intoxiquée par les gaz, il n'a cessé un seul instant de harceler et de presser l'ennemi, le contraignant à la retraite dans un secteur d'importance vitale, lui capturant plus de 400 prisonniers, ainsi qu'un matériel considérable. Par des manœuvres bien ordonnées, il a facilité la progression des unités voisines. Au cours de toutes ces affaires, le 99e joua un grand rôle dont l'extrait de citation suivant montre toute l'importance.

EXTRAIT DE L'ORDRE GÉNÉRAL N° 446

Le général commandant la 5e armée cite à l'ordre de l'armée le lieutenant-colonel Borne, commandant le 99e régiment d'infanterie :

« Au cours d'une période très dure de combats, du 20 octobre au 1er novembre 1918, a exercé une action puissante sur ses unités qui, quoique très éprouvées par des pertes journalières et par les effets déprimants de violents bombardements continus par obus toxiques, ont conquis les objectifs qui leur étaient assignés, faisant de nombreux prisonniers, s'emparant d'un très important matériel. »

Signé : GUILLAUMAT.

Pendant cette période sont tombés les lieutenants Francou, Charles, les sous-lieutenants Guérin, Rampal, Thiébaut, Le Guern.

— 55 —

XIII

L'ARMISTICE

Metz : Cathédrale.
Le " Prophète " Guillaume a désormais les menottes
aux mains.

Metz : statue du " Poilu "
élevée à l'emplacement primitivement
occupé par la statue de Guillaume.

Metz :
porte Serpenoise.

Metz :
Porte des
Allemands.

Le 11 novembre l'Armistice est signé.

La lutte formidable est terminée et le 99e a tout donné de lui-même. Son épuisement total coïncide avec la fin de la guerre. Mais la victoire est à nous. Sur les visages se lit la joie profonde du triomphe et de la délivrance de la Patrie.

Quelques renforts sont reçus et c'est débordants d'allégresse que les bataillons se mettent en marche par étapes pour prendre possession des provinces retrouvées.

L'entrée à Metz est triomphale et les poilus défilent sous la porte Serpenoise, après avoir contemplé les vestiges des statues de Guillaume jetées au bas de leur piédestal par la population civile restée française.

Après un séjour à Metz, puis dans le bassin de Briey, le régiment s'installe dans la région de Château-Salins.

Au mois de septembre 1919, le 99e est dirigé : les 1er et 2e bataillons sur Lyon, le 3e sur Vienne.

Le 1er janvier 1920, le 3e bataillon rejoint Lyon et le régiment se trouve groupé au fort Lamothe.

Le Président Poincaré à Saint-Avold.

14 Juillet 1919, à Saint-Avold.

Zweibrücken : Panorama.

Retour
à Lyon.

Défilé
place
Bellecour.

Au centre : remise d'un fanion au 99e
par les dames de Metz.

Retour à Vienne, défilé place Miremont.

XIV

EN résumé, le rôle du 99ᵉ pendant la grande guerre fut digne des traditions de son glorieux passé, digne de cette croix de la Légion d'honneur conquise par ses aînés. De l'Alsace à l'Yser, on l'a vu sur tout le front, donnant partout et toujours l'exemple par sa bonne tenue et sa discipline au cantonnement, son ardeur et son entrain dans l'attaque, son énergie et sa ténacité poussées jusqu'au sacrifice suprême dans la défense.

Au début de la campagne, dans les Vosges, après les premiers succès, sa résistance à la contre-offensive allemande, à Rothau, à Bellefosse, à Saulxures, ralentit celle-ci et évite de plus grands désastres.

Dans la Somme il contribue à fixer le front ennemi.

En Champagne, son action est un des épisodes les plus glorieux et les plus féconds de la grande bataille du 25 septembre 1915.

En 1916, à Verdun, pendant dix mois, il prendra part à la plus grande bataille de tous les temps et son rôle sera prépondérant le 7 mai à Thiaumont et le 1ᵉʳ août à La Laufée.

En 1917, revenu dans la Somme, il prend part à l'offensive sur Saint-Quentin et talonne l'ennemi jusqu'aux portes de cette ville.

La même année, en mai-juin, au Chemin-des-Dames, il oppose d'une façon invincible sa ténacité à la ruée de l'ennemi, et les 23 et 25 octobre il obtient dans la bataille de la Malmaison des résultats d'une importance capitale.

En 1918, en Belgique, au Kemmel, après avoir aidé puissamment à arrêter le recul anglais, il sauve la situation en interdisant définitivement à l'ennemi le passage vers la mer.

La même année, en juin, sa résistance et sa contre-offensive sur la cote 240, clef de la position de la montagne de Reims, enrayent définitivement la ruée boche sur ce front.

Dans la suprême offensive alliée de l'automne 1918, le régiment reste fidèle à son passé. Son énergie et son endurance, son opiniâtreté après avoir ouvert, dans la ligne Hunding-Stellung, dernière ligne de la résistance allemande, une brèche par où passeront les unités voisines, ne laisseront aucun répit à l'ennemi, contribueront à amener chez celui-ci l'épuisement qui le décidera enfin à demander grâce le 11 novembre.

Après ces cinq années de la plus terrible guerre de tous les temps, le 99ᵉ a donc le droit de dire qu'il a bien mérité de la Patrie et qu'il s'est montré digne de la proclamation du maréchal Foch, ainsi conçue :

Officiers, Sous-Officiers et Soldats,

Après avoir résolument arrêté l'ennemi, vous l'avez pendant des mois, avec une foi et une énergie inlassables, attaqué sans répit. Vous avez gagné la plus grande bataille de l'histoire et sauvé la cause la plus sacrée : la Liberté du Monde.

Soyez fiers ! D'une gloire immortelle vous avez paré vos drapeaux. La postérité vous garde sa reconnaissance.

— 58 —

ÉTAT NOMINATIF

DES OFFICIERS COMMANDANTS DU RÉGIMENT, DES BATAILLONS ET DES COMPAGNIES

du 2 Août 1914 au 11 Novembre 1918

(Les noms des Officiers tués sont précédés d'un astérisque)

RÉGIMENT, BATAILLONS ET COMPAGNIES	NOMS ET GRADES	
Régiment.	* MARTINET	Lieutenant-Colonel
	* ARBEY	Commandant
	MARTY	Lieutenant-Colonel
	ROUSSELON	»
	BORNE	»
Adjoints au Colonel.	NATIVELLE	Chef d'Escadron
	MERCIER	Capitaine
	* FOURQUET	»
	PIASTRI	»
	COSTE	»
	* ORSINI	»
	MARIOTTI	»
C. H. R.	MERCIER	Capitaine
	* BORCIER	Sous-Lieutenant
	MOREAU	Lieutenant
	SAUGNEUX	»
1er Bataillon.	* GAULIER	Commandant
	ROUSSELON	»
	BRETON	Capitaine
	* FOURQUET	Commandant
	PIASTRI	Capitaine
	DAVET	»
1re Compagnie.	PERENET	Capitaine
	FILIPPI	»
	* DREYFUS	»
	FILIPPI	»
	LEVRAULT	Lieutenant
	SABATY	»
2me Compagnie.	BIDAULT	Capitaine
	* FOURQUET	»
	BRETON	»

RÉGIMENT, BATAILLONS ET COMPAGNIES	NOMS ET GRADES	
2me Compagnie.	RAJON	Capitaine
	* FRANCOU	Lieutenant
	JOLY	»
3me Compagnie.	CASSASSOLES	Capitaine
	RAJON	Sous-Lieutenant
	MOREL	Capitaine
	BOIRON	»
	* DE MALEZIEU	»
	POUCHON	»
	* FABRE	»
	DERAT	Lieutenant
	GARNIER	»
	LAMY	Capitaine
4me Compagnie.	ISNARD	Capitaine
A partir du 1er Juin 1916, cette Compagnie faisait partie du C. I. D.	* PAYAN	Sous-Lieutenant
	POUCHON	Lieutenant
	VARNET	Capitaine
	* PAYAN	Sous-Lieutenant
	VARNET	Capitaine
	PRAT	»
	ROUSSET	Lieutenant
	SAVIGNY	Capitaine
	FERT	Lieutenant
	LEFEVRE	Capitaine
	GARIN	Sous-Lieutenant
	BALESTRAT	Lieutenant
	LEFEVRE	Capitaine
	BERNARD	Sous-Lieutenant
1re Compagnie Mitrailleuses.	MICHOUX	Capitaine
	* KLÉBER	»
	NURY Claude	»
2me Bataillon.	* ARBEY	Commandant
	MURET	Capitaine
	SANCERY	Commandant
	CASTEX	»
	BRET	»
	MICHOUX	Capitaine
	RAYNAL	Commandant
	PIASTRI	Capitaine
	MULTRIER	»
	PETITPAS	Commandant

RÉGIMENT, BATAILLONS ET COMPAGNIES	NOMS ET GRADES	
2me Bataillon.	THOMAS	Capitaine
	VAQUIER	»
	PIASTRI	»
5me Compagnie.	* AVRIL	Capitaine
	* BERGER	»
	* FABRE	Lieutenant
	PRAT	Capitaine
	FERRUT	»
	CANTAGRILL	Lieutenant
6me Compagnie.	BONNOT	Capitaine
	VARNET	Sous-Lieutenant
	* KLÉBER	Capitaine
	* VALLET	Lieutenant
	BRUN	Capitaine
	REYNÈS	Lieutenant
7me Compagnie.	RIVE	Capitaine
	MICHOUX	»
	* RAYMOND	»
	BAILLET	»
	DELATOUR	»
	FERRUT	»
	CANTAGRILL	Lieutenant
	BORDENAVE	Capitaine
8me Compagnie.	* MURET	Capitaine
A partir du 1er Juin 1916, celle Compagnie faisait partie du C. I. D	FALCONNET	Lieutenant
	PIASTRI	Capitaine
	* DUPERRAY	Lieutenant
	DELATOUR	»
	LEVRAULT	»
	GIRAUD	»
	GASQUY	»
	* FRANCOU	»
	BULLION	»
2me Compagnie Mitrailleuses.	LANOYERIE	Capitaine
	DELOUSTAL	»
	GASQUY	Lieutenant
3me Bataillon.	* SOUBEYRAND	Commandant
	COLLET	»
	MASTIO	Capitaine

REGIMENT, BATAILLONS ET COMPAGNIES	NOMS ET GRADES	
3me Bataillon.	BARD	Commandant
	VARVIER	»
	COSTE	»
9me Compagnie.	VALLADE	Capitaine
	ISNARD	»
	BARD	»
	BAUD	Lieutenant
	* AURRAN	»
	* BARLES	»
	SAVARY	Capitaine
	L'HOMME	»
10me Compagnie.	* SAINT-UBERY	Capitaine
	BESSET	Sous-Lieutenant
	DE MARLIAVE	Capitaine
	MONNIER	Sous-Lieutenant
	MOREAU	Capitaine
	CHIGARD	»
11me Compagnie.	GALLOIS	Capitaine
	BAILLET	Sous-Lieutenant
	SAVIGNY	»
	FRACHON	Capitaine
	SAVIGNY	»
	ROUSSET	Lieutenant
	GIRAUD	»
	PINCON	Capitaine
	* OLCHANSKY	»
	JOLY	Lieutenant
	SABINEU	Sous-Lieutenant
12me Compagnie.	* FURTIN	Capitaine
A partir du 1er Juin 1916, cette Compagnie faisait partie du C. I. D.	* FONTAN	»
	BOIRON	Lieutenant
	DE MALEZIEU	»
	VARVIER	Capitaine
	FABRE	»
	BANAL	Lieutenant
	LAMBERT	Sous-Lieutenant
	PINCON	Capitaine
	DERAT	Lieutenant
	* JEANNY	»
	SAVARY	Capitaine
3me Compagnie Mitrailleuses.	DE MARLIAVE	Capitaine
	DE PIGACHE	Lieutenant
	NURY H.	Capitaine

LISTE NOMINATIVE

DES OFFICIERS DU 99ᵉ RÉGIMENT D'INFANTERIE

1º *TOMBÉS AU CHAMP D'HONNEUR*

NOMS ET PRÉNOMS	GRADE	DATE DU DÉCÈS
ARBEY Isidore-Auguste	Lieutenant-Colonel	26 Septembre 1914.
MARTINET Claude	»	24 Août 1914.
FOURQUET Marius	Chef de Bataillon	10 Juin 1918.
GAULIER Louis-Adrien	»	21 Août 1914.
SOUBEYRAND Daniel	»	24 Août 1914.
MURET Albert-Léon	»	
AVRIL Jacques	Capitaine	24 Août 1914.
BERGER Jean	»	30 Septembre 1915.
DREYFUS Paul-Isaac	»	10 Mai 1915.
FABRE Charles-Paul	»	11 Mai 1917.
FONTAN Félix	»	19 Décembre 1914.
FURTIN Claude	»	28 Septembre 1914.
KLÉBER Jean-Justin	»	11 Mai 1917.
MALEZIEU (de) Jean	»	1ᵉʳ Juillet 1916.
OLCHANSKI Jack	»	6 Juin 1918.
ORSINI Quilgus	»	1ᵉʳ Octobre 1918.
RAYMOND Jules	»	21 Septembre 1915.
SAINT-UBERY Dominique	»	21 Août 1914.
VERNET Georges-Adolphe-Ferdinand	»	29 Août 1914.
AURRAN Marie	Lieutenant	23 Mai 1917.
BARLES Eugène	»	23 Octobre 1917.
BORCIER Adrien	»	29 Avril 1916.
CHAPUIS Jean-Louis	»	17 Avril 1918.
CHARLES Camille	»	23 Octobre 1918.
DEPIERRE Claude	»	1ᵉʳ Octobre 1918.
DUPASQUIER Marie	»	2 Septembre 1914.
DUPERRAY Jean	»	7 Mai 1916.
FRANCOU Paul	»	30 Octobre 1918.
GRANDCOURT Léon	»	18 Juin 1918.
JEANNY Charles	»	13 Octobre 1918.
LIBARELLI Frédéric	»	24 Août 1914.
MANNAZ Jean	»	28 Septembre 1915.
MARQUE Jean	»	30 Avril 1916.
PADUSCHECK Alphonse	»	
PEYRASSOL Louis	»	31 Mai 1918.
PONCET Victor	»	25 Août 1914.
RAYNAUD Maurice	»	23 Octobre 1917.
RICHARD Jean	»	4 Avril 1917.
ROBIN Louis	»	27 Septembre 1914.
ROUGON Aimé-Joseph-Arthur	»	
ROUMANTEAU Albéric	»	25 Septembre 1914.
ROUSSEAU Victor	»	2 Octobre 1918.
VALLET Raoul	»	7 Mai 1916.

NOMS ET PRÉNOMS	GRADE	DATE DU DÉCÈS
VILLE DE TRAVERNAY (de) Jean	Lieutenant	25 Septembre 1914.
ARDIET Jean-Baptiste	Sous-Lieutenant	24 Avril 1916.
AVIAU DE TERNAY (d') Louis	»	24 Août 1914.
BARD Charles	»	21 Octobre 1914.
BERNARD Joseph	»	13 Juin 1918.
BLACHÈRE Marc	»	25 Septembre 1915.
BRUN Georges	»	30 Mai 1918.
CARRÈRE Victor	»	14 Novembre 1914.
CAVEYE Maurice	»	1er Octobre 1918.
CORNAND Charles	»	30 Mai 1918.
DEFOURNEL Jules	»	31 Mai 1918.
DREVON Louis	»	25 Septembre 1915.
FANGEAT Paul	»	31 Mai 1918.
FAUGIER Paul	»	25 Septembre 1915.
FONDIMARE Georges	»	26 Septembre 1918.
GALLIN Raoul	»	25 Mars 1917.
GOUDIN Jérôme	»	25 Avril 1918.
GUÉRARD Augustin	»	30 Mai 1918.
GUÉRIN Albert	»	26 Octobre 1918.
JACQUEMIN Hippolyte	»	13 Mai 1917.
LE GUERN Etienne	»	27 Octobre 1918.
LOIDREAU Charles	»	27 Août 1914.
MARINET Gustave	»	9 Juin 1918.
MARIO Auguste	»	18 Juin 1916.
MARQUET Jean	»	30 Avril 1916.
MAYOUX Gilbert	»	23 Avril 1916.
MEYER Maurice	»	10 Décembre 1916.
MILLET Marius-Abel	»	28 Novembre 1914.
MILLY (de) Jacques	»	27 Juillet 1918.
MISTRAL Pascal	»	8 Février 1915.
PAYAN Aimé	»	29 Septembre 1915.
PRIEZ Joseph	»	24 Août 1914.
RAMPAL Ludovic	»	30 Octobre 1918.
ROUDET Auguste	»	20 Mai 1917.
SOGNO Joseph	»	23 Octobre 1917.
SOUCHIER Noël	»	21 Septembre 1915.
THIÉBAUT Charles	»	4 Novembre 1918.
VINCENT Pierre	»	1er Août 1916.
WEHRLE Nicolas	»	24 Août 1916.

2° DISPARUS

NOMS ET PRÉNOMS	GRADE	DATE DE DISPARITION
MEYGRET-COLLET	Lieutenant	11 Mai 1917.
CHAMPAGNAC Armand-Félix	Sous-Lieutenant	11 Mai 1917.
DOMINICI Paul	»	9 Septembre 1914.
FIDELLE Pierre	»	24 Août 1914.
GAURANT Camille	»	25 Avril 1918.
MOLLINGAL Paul	»	25 Avril 1918.

LISTE NOMINATIVE

DES SOUS-OFFICIERS, CAPORAUX ET SOLDATS DU 99e RÉGIMENT D'INFANTERIE

TOMBÉS AU CHAMP D'HONNEUR

ABRY J.	2e cl.	ANDRÉ J.	2e cl.	AYMÉE A.	2e cl.
ACCARD J.	sergent	ANDREANI P.	»	AYMOZ J.	»
ACHARD E.	2e cl.	ANDREYS J.	»		
ACHARD J.	»	ANDRIVET J.	»	BABORIER G.	sergent
ACHARD-LOMBARD L.	»	ANDROS P.	»	BACHET J.	2e cl.
ACKER G.	»	ANGELIN A.	»	BACON F.	»
ACQUAVIVA J.	»	ANGELINI P.-L.	»	BADET C.	»
ADAM J.	»	ANGELOS-NICOUD J.	»	BADIER J.	»
AESCHIMANN J.	sergent	ANGLERAND J.-A.	»	BADIN J.-F.	»
AGIER A.	2e cl.	ANNEQUIN J.-L.	»	BADIN J.-A.	»
AGNIEL E.	»	ANSELMET L.	»	BADIN R.	sergent
AGOSTINI M.	»	ANTHOMOZ D.	»	BADON J.-M.	2e cl.
AGUILLON L.	»	APCHER P.-J.	»	BADOUX J.	»
AILLOUD H.	»	AQUATELLA E.	»	BAJARD J.	»
AILLOUD J.	sergent	ARBARTAZ C.	»	BADUEL J.-M.	»
AILLOUD L.	2e cl.	ARCHIER A.	»	BAGGIONI J.-L.	»
AIME S.	»	ARCIER A.	»	BAILLOUD M.	»
AIMO L.	'	ARCIS A.	»	BAILLY A.	»
AIMONE F.	sergent	ARGOUD E.	»	BAIN N.	»
AIMONIER-NAVAT M.	2e cl.	ARGOUD R.-L.	»	BAL U.	caporal
AJAS J.	»	ARGOUD A.	»	BALAIN M.	2e cl.
ALAUZEN H.	»	ARMANIER U.	»	BALESI J.-B.	»
ALBERT J.	»	ARNAL L.	»	BALET A.	»
ALEX P.	»	ARNAUD C.	»	BALLANDRAS J.	»
ALEXANDRE J.	»	ARNAUD Ch.	»	BALLEFIN L.	»
ALIBERT A.	»	ARNAUD D.	»	BALLET P.	»
ALLAGNAT J.	»	ARNAUD M.	sergent	BALLU H.-A.	caporal
ALLAROUSSE C.	»	ARNAUD R.	caporal	BALME J.	2e cl.
ALLEGATIÈRE-ROYER C.	»	ARNAUD X.	2e cl.	BANCAL C.	»
ALLEMAND G.	»	ARNAULT J.	»	BANCEL A.-P.	»
ALLEX-BILLOUD L.	»	AROD L.	»	BANCHAUD P.	»
ALLIBERT J.	»	ARRAGON G.	aspirant	BARBERAT J.-M.	»
ALLIE C.	»	ARRAS D.	2e cl.	BARBEREAU P.	»
ALLIER M.	»	ARRIGHI L.	»	BARBERET J.	»
ALLIRAND C.	»	ARRII N.	»	BARBIER J.-P.	»
ALVERGNAT J.	»	ARTAUD C.	»	BARBIER J.	»
ALVY P.	»	ARTAUD H.	»	BARBIER M.-J	»
ALZAS C.	»	ARZALIER A.	caporal	BARBIN J.-E.	»
AMADÉE J.	»	ASTIER P.	2e cl.	BARD P.	»
AMAT A.	»	AUBAN I.	caporal	BARDIN E.	»
AMBARD G.	»	AUBERGER P.	2e cl.	BARDIN E. A.	»
AMBLARD E.-F.	»	AUBERT A.	»	BAREL J.	»
AMBLARD F.-L.	»	AUBERT H.	caporal	BARET C.	cap.-f.
AMBLARD J.-C.	»	AUBERT P.	2e cl.	BARGE G.	2e cl.
AMBLARD J.-P.	»	AUBRY L.-A.	»	BARGEOT G.	»
AMBROSI C.	»	AUCLAIR E.	1e cl.	BARJAVEL L.	»
AMODRU J.-R.	»	AUDIBERT C.	2e cl.	BARJON A.	»
AMORY E.	sergent	AUDOUARD J.-M.	»	BARJON P.	»
AMPRINO J.	2e cl.	AUGAGNEUR C.	»	BARLET A.	»
ANCRENAT J.	sergent	AUGÉ J.	»	BARON A.	»
ANDRAL J.	2e cl.	AUMAGE J.-S.	»	BARON G.	»
ANDRÉ H.-X.	»	AVONT A.-F.	»	BARRAL P.	»

BARRAL-BACCHUT P. 2ᵉ cl.	BERAUD E.-V. 2ᵉ cl.	BESSON Al. 2ᵉ cl.
BARRAS E. »	BERAUD L. »	BESSON Aug. »
BARRAUD J. »	BERAUDON J. »	BESSON H.-M. »
BARRE F. »	BEREAUX A. »	BESSON J. »
BARRE J. »	BERGER B. »	BESSON J.-F. »
BARREAU G. »	BERGER C. »	BESSON J.-J. »
BARRIGUAND J. »	BERGER J.-C. »	BESSON L.-A. »
BARRIN DE CHAMPOND F., cap¹	BERGER J. »	BESSON L.-C. »
BARROIS P. caporal	BERGER V. »	BEST J. »
BARROUX J. 2ᵉ cl.	BERGER-MOLLARD A. »	BETTON J. »
BARRY H.-A. »	BERGERON J. »	BEYEGUE L. caporal
BARTASSOL A. »	BERGIER F. »	BEYNIER, J. 2ᵉ cl.
BARTHÉLEMY A. »	BERGOGNON J. »	BEYRIEUX J. »
BARTHÉLEMY E. »	BERLIET F. »	BEYRON J.-M. »
BARTHÉLEMY L.-L. »	BERLIOZ J. caporal	BIDAUD F. »
BARTOLI D.-E. »	BERNACHOT J.-J. 2ᵉ cl.	BIDAUD E. »
BASSET E. »	BERNARD E. »	BIDOUD A. »
BATAILLE J. caporal	BERNARD F.-E. »	BIELER H. »
BATANDIER E. 2ᵉ cl.	BERNARD J.-E. »	BIFFE U. »
BATTESTI B. caporal	BERNARD J. sergent	BIGALLET C. »
BAUCHON F. 2ᵉ cl.	BERNARD M. caporal	BILLON J. »
BAUDET C. »	BERNARD V.-E. 2ᵉ cl.	BILLON M. »
BAUDIN E. »	BERNIER P. »	BIONDO L. »
BAUDINOT G. »	BERNILLON A. »	BIOUSSE S. »
BAUDIOT G. »	BEROUD L. caporal	BIRET L. »
BAUDRY R.-M. »	BERQUET J. 2ᵉ cl.	BIRON F. »
BAUDRAND C. »	BERROIR A. »	BIRON S. »
BAULE H. »	BERT C. caporal	BISSARDON P. »
BAYLE A.-J. »	BERT V. 2ᵉ cl.	BLACHE F. »
BAYLE B. »	BERTOGNA J. »	BLACHE J. caporal
BÉAL F. »	BERTET-FAGOT C. »	BLACHE R.-P. 2ᵉ cl.
BÉAL J.-B. »	BERTHE L.-F. »	BLACHÈRE F. »
BEAU H. »	BERTHELIER L. »	BLACHON E. »
BEAU J. »	BERTHELOT J.-P. »	BLADVIEL G. caporal
BEAUGRAND P. »	BERTHELOT J.-B. »	BLAIN F. 2ᵉ cl.
BEAUMONT H. »	BERTHET A. »	BLANC A. »
BEAUQUIS L. »	BERTHET C. »	BLANC E. »
BEAUSSE H. »	BERTHET E.-J. »	BLANC F. »
BEAUVOIR B. »	BERTHET H. »	BLANC J.-A. »
BEC G. »	BERTHET L. »	BLANC Jean »
BÉCHARD L. »	BERTHET J. »	BLANC Joseph »
BÉCLE-BERLAND J. »	BERTHIAUD D. »	BLANC Jules »
BECT E. »	BERTHIER Jean »	BLANC-BRUDE A. »
BEGON J.-A. »	BERTHIER Jh. caporal	BLANC-MAPPOZ J. »
BEGOUD A. »	BERTHINIER F. 2ᵉ cl.	BLANCHARD A.-A. »
BEJUY J. »	BERTHOLON-BAYET F. »	BLANCHARD J. »
BEL H. »	BERTHON J. »	BLANCHARD M. »
BEL J. »	BERTHOU B. »	BLANCHET E. »
BEL L. »	BERTON A. »	BLEIN C.-J. sergent
BEL L. caporal	BERTRAND A. caporal	BLEIN G. 2ᵉ cl.
BELIN L. 2ᵉ cl.	BERTRAND G. 2ᵉ cl.	BLEIN M. »
BELLEM L. »	BERTRAND J.-A. »	BLONDEAU J. »
BELLEVILLE J. sergent	BERTRAND J.-B. »	BOBILLON F. »
BELLIER A. 2ᵉ cl.	BERTRAND L.-F. »	BOBORIER J. »
BELLIN A. »	BERTRAND P. »	BOCCON-PERRAUD F. »
BELMONT F. »	BERTRAND F. »	BOCHARD B. »
BELMONT J. »	BESSAIRE C. »	BODON A. »
BENAZET L. aspirant	BESSE H. »	BŒUF L. »
BENOIT A. 2ᵉ cl.	BESSERVE C. »	BOICONNET A. »
BENOIT A.-J. »	BESSET J. »	BOILEAU A. »
BENOIT J. »	BESSET U. »	BOIS F. »
BENOIT J.-F. »	BESSEYRE E. »	BOIS J. serg.-f.
BENOIT-CATTIN J. »	BESSON Ai. »	BOIS J.-M. 2ᵉ cl.

Nom	Grade	Nom	Grade	Nom	Grade
BOIS S.	2e cl.	BOUILLAT M.	2e cl.	BOYET L.-A.	2e cl.
BOISSET J.-L.	»	BOUISSELET	»	BOZON L.	caporal
BOISSIÈRE J.	»	BOUISSET C.	serg.-f.	BRADMETZ J.	2e cl.
BOISSON J.	»	BOUJARD P.	2e cl.	BRANCHE F.	sergent
BOISSY L.	sergent	BOULANGER E.	»	BRANCHET B.	2e cl.
BOMBRUM M.	2e cl.	BOULLANGER L.	»	BRANCHET F.	2e cl.
BON C.	»	BOULLE J.	»	BRANGE M.	»
BON F.	»	BOULOGNE E.	»	BRAY A.	»
BONIFACE L.	»	BOULOUD P.	»	BREDEAUX F.	sergent
BONIN Jean	»	BOUQUET P.	»	BREDEL H.	2e cl.
BONIN Joseph	»	BOUQUIN J.	sergent	BREILLIER A.	caporal
BONJEAN J.	»	BOURBON F.	2e cl.	BRESSAN P.	2e cl.
BONNARD G.	sergent	BOURCHARNY L.	»	BRESSIEUX V.	»
BONNARD J.	2e cl.	BOURDON C.	caporal	BRIAND P.	sergent
BONNARD L.	»	BOURE C.	2e cl.	BRIANZI A.	2e cl.
BONNARD Pierre	»	BOURGADE J.	»	BRIAS L.	caporal
BONNARD P.-L.	»	BOURGAREL E.	»	BRICHET R.	2e cl.
BONNAS E.	»	BOURGAREL J	»	BRINET A.	»
BONNAT P.	»	BOURGARIT J.	»	BRIOUDE T.	caporal
BONNAUD A.	»	BOURGEAS G.	»	BRISSAUD	2e cl.
BONNEAUD B.	»	BOURGEOIS A.	»	BRISSON A.	»
BONNEBAS A.	»	BOURGEOIS D.	»	BROCHIER E.	»
BONNEFOI R.	»	BOURGEOIS J.-M.	»	BROCHIER J.	adjud.
BONNEL P.	»	BOURGEOIS Joseph	»	BROLLES C.	2e cl.
BONNET A.	»	BOURGEOIS J.	»	BRON L.	»
BONNET E.	caporal	BOURGEY M.	sergent	BROUILLET F.	»
BONNET Jacques	sergent	BOURGIN N.	2e cl.	BROSSARD J.	»
BONNET J.	2e cl.	BOURNAY J.	caporal	BROSSELARD B.	»
BONNET L.	»	BOURRAT J.	2e cl.	BROSSETTE H.	»
BONNETTE J.	»	BOURRET P.	sergent	BROSSIER M.	»
BONNETOT G.	»	BOURRIN E.	2e cl.	BRUANDAIS A.	»
BONNIÈRES E.	»	BOURRIN S.	»	BRUEYS R.	aspirant
BONTRON A.	»	BOURROUX B.	»	BRUGIÈRE M.	2e cl.
BONVALLET J.	caporal	BOURRY I.	»	BRUGIÈRE R.	»
BONZANET J.	2e cl.	BOURSIEN J.	»	BRUN Francisque	»
BORDEL M.	»	BOURTHOUMIEUX E.	»	BRUN C.	»
BORDENAVE J.	»	BOUSSEAU V.	»	BRUN François	»
BORELLE G.-M.	»	BOUSSEUIL B.	»	BRUN G.	»
BORELLI A.	»	BOUTON L.	»	BRUCHON J.	»
BORJON M.	»	BOUVARD H.	»	BRUNEL F.	»
BORN G.	»	BOUVARD J.	»	BRUNEL Y.	»
BORNICHET A.	»	BOUVAT Aug.	»	BRUNET E.	»
BORREL C.	»	BOUVAT A.	»	BRUNET E.-F.	»
BOS L.	»	BOUVATIER J.	»	BRUNET F.	»
BOSON M.	»	BOUVET G.	»	BRUNET J.	»
BOSSARD C.	»	BOUVIER E.	caporal	BRUNON J.	»
BOSSON E.	caporal	BOUVIER Ferd.	2e cl.	BRUNSCHWIG J.-R.	sergent
BOTTA L.	2e cl.	BOUVIER F.	»	BRUYAT H.	2e cl.
BOTTON J.	»	BOUVIER J.	»	BRUYÈRE A.	»
BOUCHARD M.	»	BOUVIER L.	»	BRUYÈRE J.	»
BOUCHARDON C.	»	BOUVIER L.-P.	»	BRUZIAUX E.	»
BOUCHERON L.	»	BOUVIER Marie	caporal	BUDIN J.-C.	»
BOUCHET J.	»	BOUVIER Maurice	2e cl.	BUENERD S.	»
BOUCHET M.	»	BOUVIER-BALLET M.	sergent	BUET J.	»
BOUCLIER F.	»	BOUTOUYRIE P.	2e cl.	BUFFARD A.-F.	caporal
BOUDEAUX E.	»	BOUZON A.	sergent	BUISSON E.	2e cl.
BOUDON C.	»	BOUY J.	2e cl.	BUISSON H.	»
BOUDON L.	»	BOVIER M.	adjud.	BUISSON L.	»
BOUDON P.	»	BOYE B.	2e cl.	BUISSON S.	»
BOUDOUD H.	»	BOYER E.	»	BULTEL L.	adj.-ch.
BOUFFERET J.	»	BOYER J.	»	BURDIAT J.	2e cl.
BOUICHÈRE L.	adjud.	BOYER M.	»	BURDIN P.	»
BOUILLAT H.	2e cl.	BOYER M.-A.	»	BUREL J.	»

BURELLIER J.	2e cl.	CAVALETTO J.	2e cl.	CHAPPELAT A.	2e cl.
BURLET J.	»	CEARD P.	»	CHAPPUIS J.	sergent
BURNICHON P.	»	CECILLON J.	caporal	CHAPUIS E.	2e cl.
BURON A.	»	CEILLER H.	2e cl.	CHAPUIS Franç.	»
BURRAT J.	»	CELARD F.	»	CHAPUIS J.	»
BURTON L.	sergent	CENDRON C.	»	CHAPUY L.	sergent
BURTY J.	2e cl.	CERUTTI L.	»	CHARAMEL R.	»
BUSSIÈRE J.	»	CETTIER M.	»	CHARBUIS F.	caporal-cl.
BUSSY E.	»	CHABANAS A.	»	CHARDES M.	2e cl.
BUSTON C.	»	CHABANAS J.	»	CHARDON J.	»
BUTHOD-VILLIEN E.	»	CHABANNE J.	sergent	CHARDON L.	»
BUTTY J.-M.	»	CHABAT A.	2e cl.	CHARDON P.	»
		CHABAUD A.	»	CHAREYRON M.	caporal
CABOT S.	2e cl.	CHABAUD J.	sergent	CHARIAL J.	2e cl.
CADOUX J.	»	CHABERT Félicien	2e cl.	CHARLES J.	»
CAILLARD J.	»	CHABERT Fernand	»	CHARLET J.	»
CAILLAUD E.	»	CHABONEL A.	»	CHARMALET L.	»
CAILLE A.	»	CHABOUD P.	»	CHARMASSON B.	»
CAILLE J.	»	CHABRAL A.	»	CHAROUD A.	»
CAILLET P.	»	CHABRIOL U.	»	CHAROUD M.	»
CAILLOT L.	»	CHABROL A.	»	CHARPAS P.	»
CALLAMARD C.	»	CHAFFAL J.	»	CHARPENAY H.	»
CALLAMARD J.	»	CHAIX A.	caporal	CHARPENTIER E.	caporal
CALLET L.	sergent	CHALAMET A.	adjud¹	CHARPIN J.	2e cl.
CALLET S.	2e cl.	CHALARON E.	2e cl.	CHARRA E.	caporal
CALVAT J.	»	CHALEYSSIN H.	»	CHARRA G.	2e cl.
CALVIGNAC V.	»	CHALONS C.	sergent	CHARRAS A.	»
CAMBALGIE C.	»	CHALVIDAN F.	2e cl.	CHARRAS E.	»
CAMIER A.	»	CHAMBARD J.	»	CHARRAT A.	»
CAMMARES B.	»	CHAMBEFAURE L.	»	CHARRE B.	»
CAMPREDON P.	»	CHAMBET L.	»	CHARRE H.	»
CAMPY G.	»	CHAMBON H.	sergent	CHARREARD J.	»
CANARD J.	caporal	CHAMBON J.	serg.-f¹	CHARREL M.	»
CANARD L.	2e cl.	CHAMBON M.	aspir¹	CHARRET C.	»
CANTAREL A.	»	CHAMBOSSE L.	2e cl.	CHARRET J.	»
CANTON J.	»	CHAMINADE E.	»	CHARRETTE F.	»
CAPITAN C.	»	CHAMPAGNAC L.	»	CHARRETOUR P.	»
CAPTIER J.	»	CHAMPAVIER A.	»	CHARRIER H.	»
CAPY L.	adjt-chef	CHAMPEAU A.	»	CHARRIER J.	»
CARA F.	2e cl.	CHAMPEL Valérie	»	CHARRONDIÈRE J.	»
CARCASSONAC H.	sergent	CHAMPEL Victor	»	CHARROUD J.	»
CARCEL J.	2e cl.	CHAMPETIER J.	»	CHARTRE J.	»
CARCEL M.	»	CHAMPIN S.	»	CHARVEL H.	caporal
CARLE M.	»	CHAMPLONG S.	»	CHARVET A.	2e cl.
CARLES H.	»	CHANAL L.	»	CHARVOLIN B.	»
CARLES E.	»	CHANAL F.	caporal	CHARY J.	sergent
CARLET J.	»	CHANIAL L.	2e cl.	CHASSAGNEUX J.	2e cl.
CARLOZ L.	»	CHANIEL F.	»	CHASSAGNEUX P.	»
CARLOZ F.	caporal	CHANIN F.	»	CHASSON A.	»
CARRA C.	2e cl.	CHANOIS F.	caporal	CHASSON E.	serg.-f¹
CARRIER A.	»	CHANRIONS J.	»	CHASTEL J.	2e cl.
CARTAILLAC E.	»	CHANTEPY P.	2e cl.	CHATAIN F.	»
CARTAILLE P.	»	CHANTRE J.	»	CHATEIGNER J.	»
CARTAL J.	»	CHAPAS E.	»	CHATELAIN J.	»
CARTALAS J.	»	CHAPEL J.	»	CHATELARD A.	»
CARTHELOS C.	»	CHAPELLE F.	»	CHATELARD P.	»
CARTON A.	»	CHAPERON C.	»	CHATIGNY P.	»
CASSAGNE C.	»	CHAPON Jean	»	CHATON A.	»
CASSON L.	sergent	CHAPON Joseph	»	CHAUSSINAND M.	»
CASTAGNIER J.	2e cl.	CHAPOT J.	»	CHAUZIOUX B.	»
CATALOM L.	»	CHAPOT L.	caporal	CHAVAGNEUX M.	»
CATALON F.	caporal	CHAPPA F.	sergent	CHAVAGNIEUX J.	caporal
CAVAILLES M.	2e cl.	CHAPPE M.	2e cl.	CHAVAIM J.	2e cl.

CHAVANON A.	2e cl.	CLAIR B.	2e cl.	COMBALDIE C.	2e cl.
CHAVANON J.	»	CLAIR H.	»	COMBARET G.	»
CHAVANT C.	»	CLAIR M.	»	COMBE P.	»
CHAVANT J.	»	CLAMART A.	»	COMBE S.	»
CHAVARIN E.	»	CLAUSSAT E.	»	COMBEROUSSE P.	»
CHAVAT E.	»	CLAVARON B.	»	COMBET J.	»
CHAVEL H.	»	CLAVE M.	»	COMBET L.	»
CHAVENT F.	»	CLAVEL Jean	»	COMBY E.	adjud.
CHAVERNOZ F.	adjud.	CLAVEL Jean-Marie	»	COMMAND J.	»
CHAVRIER B.	sergent	CLAVEL Joseph	»	COMPAGNON A.	2e cl.
CHAZALON L.	2e cl.	CLAVEL J.-J.	»	COMTE A.	»
CHAZELET E.	»	CLAVEL Joseph-Fél.	»	COMTE F.	»
CHAZETTE M.	»	CLAVEL Louis	»	COMTE Jean	»
CHAZOT R.-P.	sergent	CLEMENCET A.	»	COMTE Joanny	»
CHAZOT R.-F.	2e cl.	CLÉMENT G.	»	COMTE M.	»
CHEBANCE M.	»	CLÉMENT J.	»	CONARD E.-A.	»
CHEDAL E.	»	CLÉMENT L.	»	CONDIE P.	»
CHEDAL-ANGLAY V.	caporal	CLÉMENT M.	»	CONOT J.	»
CHEF C.	2e cl.	CLERC C.	»	CONS E.	»
CHEMIN M.	»	CLERC L.	»	CONSTANT J.	»
CHENAVIER F.	»	CLERGERONNET A.	»	CONSTANT M.	»
CHENAVIER J.	sergent	CLEUX B.	»	CONSTANTIN A.	»
CHENAVIER J.-A.	2e cl.	CLEYET-SICAUD G.	caporal	CONSTANTIN Jean	»
CHENAVIER J.-B.	»	CLOPPET J.	2e cl.	CONSTANTIN Jos.	»
CHERIAL F.	»	CLOPPET L.	sergent	CONSTANTIN J.-E.	»
CHERIAL J.	»	COAVOUX B.	2e cl.	CONTAMIN L.	»
CHERVIER F.	sergent	COCHE A.	»	CONTAMIN P.	»
CHERVIN P.	2e cl.	COCHET Jean	caporal	CONTARD E.	»
CHEVALARCQ J.	sergent	COCHET Joseph	2e cl.	CONTE F.	caporal
CHEVALIER G.	2e cl.	COCHET L.	»	CONVERS L.	sergent
CHEVALIER Jul.	sergent	COCHET V.	»	COPONAT A.	2e cl.
CHEVALIER J.-P.	2e cl.	COFFY J.	caporal	COQUE J.	sergent
CHEVALLARD P.	»	COFMAN B.	2e cl.	COQUELET G.	2e cl.
CHEVALLIER F.	»	COGNARD T.	»	CORDELIER H.	»
CHEVALLIER L.	»	COGNE L.	»	CORDIER J.	»
CHEVALLIER G.	»	COHAS J.	»	CORDONNIER E.	adjud.
CHEVESSANA A.	»	COHENDET J.	sergent	CORNEYRE V.	2e cl.
CHEVET G.	»	COHET J.	sergent	CORNILLON M.	»
CHEVILLOT P.	aspirant	COICAUD L.	caporal	COROMPT Cl.	»
CHEVILLARD M.	2e cl.	COIRE Cl.	2e cl.	COROMPT L.	»
CHEVRETON A.	»	COISSIAT P.	»	CORTIER F.	»
CHEVRON Ch.	»	COLIN J.	caporal	CORZETTO J.	»
CHEYRIAS V.	»	COLLAIN F.	2e cl.	COSSANGE M.	»
CHIARI M.	»	COLLAS Marie	»	COSTE Alex.	»
CHICHIGNOUX C.	»	COLLAS Marie	sergent	COSTE Auguste	»
CHIEZE J.	»	COLLET Claude	2e cl.	COSTE R.	»
CHIRAT S.	sergent	COLLET Cyprien	»	COSTERG J.	»
CHIRON F.	2e cl.	COLLET J.	»	COTE B.	»
CHOLLET P.	»	COLLICARD C.	»	COTE E.	»
CHOLLIER F.	»	COLLIN M.	serg.	COTE F.	»
CHOMARD P.	serg.-fr	COLLIN R.	2e cl.	COTE P.	»
CHOMEL P.	2e cl.	COLLINARD-MASSON J.	»	COTTARD J.	»
CHOMERAC C.	sergent	COLLOMB A.	sergent	COTTE P.	»
CHOMETTE J.	2e cl.	COLLOMB J.	2e cl.	COTTEL E.	sergent
CHOUET F.	»	COLLOMB L.	»	COTTET P.	2e cl.
CHOULLET Ch.	»	COLLOMBIER G.	»	COTTIER J.	»
CHRISTIN J.	»	COLLOMBIER M.	»	COTTIER L.	»
CHRISTOPHLE J.	»	COLLONGE F.	»	COTTON M.	»
CICÉRON J.	»	COLOMB A.	»	COUDERT M.	»
CIGLIA C.	sergent	COLOMB E.	»	COUDURIER A.	»
CIVIALE J.	caporal	COLOMB M.	sergent	COULAIS E.	»
CIZERON J.	2e cl.	COLOMBET A.	2e cl.	COULOMB E.	»
CIZERON M.	»	COLOMBIER L.	»	COULOURAT J.	»

<table>
<tr><td>COUPA F.</td><td>2^e cl.</td><td>DARBLADE L.</td><td>2^e cl.</td><td>DELOYE B.</td><td>2^e cl.</td></tr>
</table>

COUPA F. — 2ᵉ cl. | DARBLADE L. — 2ᵉ cl. | DELOYE B. — 2ᵉ cl.

DILIGENT A.	adjud.	DUMOULIN A.	2e cl.	FABLET F.	2e cl.
DINARD P.	2e cl.	DUMOULIN J.	»	FABRE Jean	»
DIMEO J.	»	DUNAND F.	»	FABRE Joseph	»
DIRAT A.	»	DUPERRAY J.	»	FABRIES A.	»
DIZIER H	»	DUPERRAY G.	»	FAFOURNOUX H.	»
DOCHER A.	»	DUPIEUX A.	»	FAGEON V.	sergent
DODOS J.	»	DUPINAY J.	»	FAISSE A.	2e cl.
DOLBEAU M.	»	DUPLAN L.	»	FAIVRE H.	»
DONCIEU D.	sergent	DUPLAY F.	caporal	FALCON P.	»
DONJON E.	2e cl.	DUPONT L.	2e cl.	FALCONNET M.	»
DONZEL P.	adjud.	DUPRAZ F.	caporal	FALEVOZ Cl.	»
DOMAS L.	2e cl.	DUPRAZ J.	2e cl	FALQUET R.	»
DOMEIGNOZ J.	»	DUPRAZ S.	»	FANJAT E.	»
DOMENGET C.	»	DUPRÉ G.	»	FANSETTO A.	»
DOREL E.	»	DUPRÉ J.	»	FARGE J.	»
DOT P.	»	DUPRÉ L.	»	FARGEAUX L.	»
DOUBLET A.	»	DUPRÉ Th.	»	FARGUES J.	»
DOUCET H.	»	DUPUIS A.	»	FARIGOULE F.	»
DOUSSAINT P.	sergent	DUPUY Adrien	»	FARINEAUX F.	caporal
DOUSSOT R.	aspirant	DUPUY Alban	»	FAUQUET A.	2e cl.
DOWBOZ A.	2e cl.	DURAND E.	»	FAURE A.	»
DRACEY J.	»	DURAND F.	»	FAURE F.	»
DRAGON A.	»	DURAND J.	»	FAURE J.	»
DRAGON J.	»	DURAND H.	1re cl.	FAURE Léon	»
DREVET B.	»	DURAND L.	2e cl.	FAURE Léon-Louis	»
DREVETON J.	»	DURAND R.	»	FAURE Léopold	»
DREVON A.	»	DURAND V.	»	FAURE M.	»
DRILLON B.	»	DURANTON J.	»	FAURE P.	»
DROMEL M.	»	DURASTEL L.	sergent	FAURE R.	»
DRUÈRE M.	caporal	DURIF-VAREMBON F.	2e cl.	FAUSSEMAGNE Cl.	»
DRUGERET J.	sergent	DUSSAUZE B.	»	FAVE P.	»
DUBESSY J.-L.	2e cl.	DUSSUD C.	»	FAVERJON P.	»
DUBOC S.	»	DUTAL F.	»	FAVIER A.	»
DUBOIS Albert	»	DUTAL J.	»	FAVIER F.	»
DUBOIS A.-F.	»	DUTHEL J.	»	FAVIER J.	»
DUBOIS C.	»	DUTHEIL L.	»	FAVRE A.	»
DUBOIS L.	»	DUTRONE J.	»	FAVRE Cl.	»
DUBOIS V.	»	DUTROU R.	aspirant	FAVRE J.	caporal
DUBOULOZ G.	»	DUVERGER J.	2e cl.	FAVRE Mt.	»
DUBREUIL L.	»	DUVERT J.	»	FAVRE M.	2e cl.
DUBUIS J.	»	DUVERT R.	»	FAVRE-GIRAUD Jos.	»
DUC A.	caporal			FAVRE-NOVEL E.	»
DUCHAMPT M.	1re cl.	ELLIEU V.	2e cl.	FAY M.	»
DUCHÈNE J.	sergent	ELOY G.	»	FAY P.	»
DUCLEROIR J.	caporal	EMMANUELLI J.	»	FAYARD J.	caporal
DUCOUD Jean	2e cl.	EMPEREUR A.	»	FAYET R.	2e cl.
DUCREST J.	»	ESCAUT A.	»	FAYNEL A.	»
DUCRET J.		ESCOFFIER M.	»	FAYOLLE J.	»
DUCREUX Jean	adjud.	EMPTOZ L.	»	FAYOLLE M.	»
DUCROS Cl.	2e cl.	ESPA R.	»	FECHER J.	»
DUFFOUR P.	»	ESPANET P.	»	FELY J.	»
DUFOUR A.	»	ESPENEL E.	»	FELY V.	»
DUFOUR F.	caporal	ESPINET J.	»	FENETRIER E.	serg.-fr
DUFOUR J.	2e cl.	ESPRIT A.	sergent	FENOYER A.	2e cl.
DUFOURT Cl.	»	ESTEVE L.	2e cl.	FERRANDON A.	caporal
DUFY J.	»	ESTEVE P.	sergent	FERRARI O.	2e cl.
DUIVON F.	»	ESTRAT J.	2e cl.	FERRARIS C.	»
DUMAS P.-A.	»	ÉTIENNE E.	»	FERRATON B.	»
DUMAS Pierre	»	EYMARD E.	»	FERRIER Cl.	»
DUMAZ F.	»	EYMERIC R.	»	FERRON L.	»
DUMONT J.	»	EYMERY E.	sergent	FESSY B.	»
DUMONT P.	sergent	EYNAUD L.	»	FEYON M.	caporal
DUMONTET P.	2e cl			FIGUET H.	2e cl.

FILLARD Cl.	2e cl.	FRANCOZ A.	2e cl.	GAUTHIER F.	2e cl.
FILLARD Jos.	adjud.	FRANDON A.	»	GAUTHIER J.-M.	»
FILLIOL C.	2e cl.	FRASQUES G.	»	GAUTHIER J.-G.	»
FILLON J.	»	FRAUDET J.	»	GAUTHIER Joseph	»
FILLON Louis	»	FRÉRY B.	»	GAUTHIER J.-A.	»
FILLON L.-C.	caporal	FRÉRY G.	1e cl.	GAUTHIER L.	»
FILLON S.	2e cl.	FRÉVILLE P.	2e cl.	GAUTHIER P.	caporal
FIOC M.	»	FREY E.	»	GAUTHIER J.	2e cl.
FIVEL I.	»	FREYSSENON F.	»	GAUTROIS C.	caporal
FIYOL J.	»	FRIZON J.	»	GAUVAIN L.	2e cl.
FLACHER Jean	caporal	FROBERT P.	»	GAVALDA J.	»
FLACHER Jean	2e cl.	FROGET E.	caporal	GAVILLET P.	caporal
FLANDIN Ch.	»	FROGET J.	2e cl.	GAY G.	2e cl.
FLÉCHET J.	caporal	FROGET P.	»	GAY J.-M.	»
FLEURY L.	2e cl.	FROMENT J.	»	GAY Jean-Marius	»
FLUTTAZ Cl.	sergent	FROMENTIN J.	»	GAY Jean	»
FLUTTAZ F.	2e cl.			GAY Jos.	caporal
FODERE M.	»	GABARD H.	2e cl.	GAY P.	2e cl.
FOLLIET J.	sergent	GABAYS J.	»	GAYET J.	»
FONGELAS J.	caporal	GABEN M.	»	GAYON L.	»
FONT P.	2e cl.	GABET L.	»	GAYRAUD Paul-Jos.	»
FONTAINE A.	»	GACHE Adrien	»	GAYRAUD Paul	»
FONTAINE G.	sergent	GAGNAIRE L.	»	GAYVALLET J.	»
FONTAINE M.	2e cl.	GAGOUD A.	»	GEAI A.	»
FONTAINE-GARANT E.	»	GAILLARD C.	»	GEAY P.	»
FONTANILLE A.	»	GAILLARD F.	»	GEDON G.	»
FONTANILLE R.	»	GAILLARD J.-B.	»	GEMIGNANI P.	caporal
FONTENAUD L.	caporal	GALAMAND L.	»	GENESTAY N.	2e cl.
FONTES C.	2e cl.	GALBANT M.	»	GENNEVAY L.	caporal
FORAT F.	»	GALLANT B.	»	GENTIL-BECOZ Al.	2e cl.
FOREST E.	»	GALLARD H.	»	GENTIL C.	»
FOREST J.	»	GALLAY F.	»	GENTHON E.	»
FORESTIER L.	»	GALLEN L.	sergent	GEOFFRAI M.	»
FORGERIT A.	»	GALLET H.	2e cl.	GEORGES A.	»
FORISSIER Jean	»	GALLI Jos.	»	GEORGET J.	caporal
FORISSIER Joan.	»	GALLIAND P.	»	GEORGIN R.	2e cl.
FORT L.	»	GALLICE E.	»	GÉRARD G.	»
FORTE G.	caporal	GALLIFET E.	»	GERBAUD M.	»
FORTIE F.	2e cl.	GALLIN L.	sergent	GERBE M.	adjud.
FORTIER A.	sergent	GAMBET E.	2e cl.	GERBOUD Joseph	2e cl.
FOSSE H.	caporal	GAMET J.	»	GERBOUD Julien	caporal
FOUGERAS L.	2e cl.	GANAVAT J.	»	GERINGER L.	»
FOUGÈRE L.	sergent	GANDIN M.	»	GERMAIN Jean	2e cl.
FOUGÈRES L.	2e cl.	GARAUD P.	»	GERMAIN Jules	»
FOUGEROUSSE J.	»	GARES L.	»	GETAS J.	»
FOUILLAT L.	»	GARIN A.	»	GETENET L.	»
FOUILLAT M.	»	GARNIER Cl.	»	GHILARDI A.	»
FOULLETIER J.	»	GARNIER F.	»	GIACCOBI V.	»
FOULTIER L.	»	GARNIER J.	»	GIEQUEL F.	»
FOURES A.	»	GARNIER P.	sergent	GIEQUEL M.	»
FOURES L.	»	GARNIERI Ch.	2e cl.	GIESSE G.	sergent
FOURIE F.	»	GARON J.	»	GIESSE L.	2e cl.
FOUREST J.	»	GAROUX A.	»	GIGAREL G.	»
FOURNAT M.	»	GARRIC O.	»	GIGNOUX R.	»
FOURNET F.	»	GARRONI J.	caporal	GIGOT L.	»
FOURNET J.	caporal	GASCON Ed.	2e cl.	GILBERT P.	»
FOURNET M.	2e cl.	GATINEL J.	»	GILIBERT A.	»
FOURNIER E.	»	GAUBERT S.	»	GILIBERT H.	»
FRAGNE B.	caporal	GAUCHERAND F.	»	GILIBERT J.	»
FRANCES F.	2e cl.	GAUDE J.	»	GILLE J.	»
FRANÇOIS A.	»	GAUDILLAT P.	»	GILLES P.	»
FRANÇOIS Antoine	1e cl.	GAUDRON A.	»	GILOZ L.	»
FRANÇON J.	2e cl.	GAUMOND J.	»	GINESTE M.	»

Nom	Grade	Nom	Grade	Nom	Grade
GINET J.	2e cl.	GOUTORBE J.	2e cl.	GUIARD B.	2e cl.
GINEYS A.	»	GOUTTEGATA J.	»	GUIBOUD J.	»
GINEYS J.	»	GOYER J.	»	GUIGNIN P.	»
GINOUX G.	»	GRADIN L.	»	GUIGNON M.	»
GIRARD C.	»	GRAFFION V.	caporal	GUIGNON P.	»
GIRARD Francis	caporal	GRAND H.	2e cl.	GUIGUE E.	»
GIRARD F.-F.	2e cl.	GRAND A.	»	GUIGUE L.	»
GIRARD François	»	GRAND C.	»	GUIGUES E.	sergent
GIRARD Joannès	»	GRAND J.	»	GUIGUES J.	2e cl.
GIRARD Joanny	»	GRAND M.	»	GUILLAUD J.	»
GIRARDON F.	»	GRANDJACQUOT J.	»	GUILLAUD P.	»
GIRARDON J.	»	GRANDJEAN H.	t.	GUILLALOT A.	»
GIRAUD G.	»	GRANDJEAN J.	sergent	GUILLARD J.	»
GIRAUD H.	»	GRANDJEAN L.-A.	2e cl.	GUILLARME J.	»
GIRAUD Jean	»	GRANDJEAN Léon	»	GUILLAUME G.	»
GIRAUD J.-J.	»	GRANDMOUGIN H.	»	GUILLEMAND J.	»
GIRAUD J.-L.	»	GRANGE G.	»	GUILLEMAUD J.	»
GIRAUD Jules	»	GRANGE P.	»	GUILLEMET R.	»
GIRAUD L.-A.	»	GRANGE F.	»	GUILLEMOT J.	»
GIRAUD L.-A.	»	GRANGEON L.	»	GUILLEN S.	»
GIRAUD V.	»	GRANGY F.	»	GUILLERMET G.	»
GIRAUDON J.	»	GRANIER E.	»	GUILLERMET G.	sergent
GIRERD L.	»	GRANIER J.	»	GUILLERMET L.	2e cl.
GIRIAT H.	»	GRANIER L.	caporal	GUILLERMIN J.	»
GIRON R.	adjud.	GRANJON A.	2e cl.	GUILLET A.	»
GIROD-ROUX L.	2e cl.	GRANZINI D.	»	GUILLET J.	»
GIRODON J.	»	GRAS J.	»	GUILLON J.	»
GIRON Jos.	»	GRAS L.	»	GUILLOT Cl.	»
GIROUD Cl.	»	GRAVIER V.	caporal	GUILLOT H.	»
GIROUD J.-A.	caporal	GREFF J.	sergent	GUILLOT Jean	»
GIROUD Joannès	2e cl.	GRÉGOIRE Cl.	2e cl.	GUILLOT J.-C.	»
GLANDY J.	»	GRÉGOIRE H.	»	GUILLOT J.-J.	»
GLEIZES G.	caporal	GRÉGOIRE J.	caporal	GUILLOT G.	»
GLOPPE M.	2e cl.	GRENOUILLER P.	2e cl.	GUILLOUD B.	»
GLOUX E.	»	GREVON L.	»	GUIMET L.	»
GOCHON Jos.	»	GRIFFET J.	»	GUINET J.	»
GODET F.	sergent	GRIFFON P.	»	GUINET L.	»
GODIOT A.	caporal	GRILLET Cl.	»	GUINET M.	»
GOGUET J.	2e cl.	GRILLET F.	»	GUINETON A.	»
GOHET J.	»	GRIVEL J.	»	GUIRAUD P.	»
GOHIER D.	»	GROBAZ Ch.	»	GUISCHET Ch.	»
GOLIARD J.	»	GROGNIES J.	»	GUTTIN F.	»
GOMET J.	»	GROLEAS A.	»	GUYOT-BEAUCHÊNE B.	aspir.
GONNARD J.	»	GROLEAS J.	caporal		
GONNET E.	»	GROLLIER E.	2e cl.	HAAS J.	caporal
GONNET Jean	caporal	GROS A.	»	HAGENBACH F.	2e cl.
GONNET Joseph	2e cl.	GROS Cl.	sergent	HALLIER P.	»
GONON M.	»	GROSJEAN E.	2e cl.	HAMON E.	caporal
GONTARD L.	»	GROSREY F.	»	HARANCHIPY P.	»
GONTHIER Cl.	»	GROSSELIN M.	»	HARDOUIN A.	2e cl.
GONTY L.	»	GROUILLER F.	»	HARDOUIN M.	sergent
GOYEIX A.	caporal	GRUMONTEIL L.	»	HAZO P.	2e cl.
GOSPIL M.	2e cl.	GIEN H.	»	HEBERT P.	»
GOURDIN H.	»	GUÉRIN L.	»	HENRY E.	sergent
COUDIN J.	»	GUÉRIN R.	»	HÉRAL H.	caporal
GOUIFFES J.	caporal	GUERRIN M.	»	HÉRAUD F.	2e cl.
GOUJET F.	2e cl.	GUERRIN J.	»	HÉRAULT J.	»
GOURBEYRE M.	»	GUERRINI Ch.	adjud.	HERBET J.	»
GOURE H.	»	GUERY C.	2e cl.	HERBIN Cl.	»
GOURDON A.	»	GUERRY J.	»	HÉRERARD A.	»
GOURDOUZE A.	»	GUET L.	»	HÉRITIER F.	»
GOUTIER P.	»	GUETAT A.	»	HERSEN M.	caporal
GOUTIROT G.	»	GUIAMIER J.	caporal	HIBOT F.	2e cl.

HIPPOLYTE F.	2° cl.	JEANTIN A.	2° cl.	LACROIX Joseph	2° cl.
HIPPOLYTE M.	»	JEANTON J.	»	LACROIX L.	»
HOMMAGE F.	»	JOANNET J.	»	LACROIX P.	»
HONORÉ L.	»	JODART J.	cap.-f.	LACROIX R.	caporal
HORARD L.	»	JOHANY L.	2° cl.	LACROZE P.	»
HOSTACHE J.	»	JOLIVET A.	»	LADAVIÈRE J.	2° cl.
HOUITTE J.	caporal	JOLLET P.	»	LADOUX J.	»
HUGONNARD-MASSON	2° cl.	JOLY J.	»	LAFAY Jean	»
HUGONNIER F.	»	JON Cl.	»	LAFFAY Joanny	»
HUGONNIER L.	»	JONCHET A.	»	LAFFITE J.	»
HUGUES G.	sergent	JONCHET F.	»	LAFLEUR J.	»
HUGUET A.	2° cl.	JOUANNARD L.	»	LAFOND F.	»
HUET J.	»	JOUAT F.	»	LAFOND L.	»
HUMBERT A.	»	JOUFFRET L.	»	LAGET A.	»
HUMBERT-LABEAUMOZ	»	JOURDAN A.	»	LAGIER A.	caporal
HUMERY P.	»	JOURDAN G.	»	LAGIER P.	2° cl.
HUMILLIOZ G.	»	JOURDAN J.	»	LAGRANGE J.-L.	»
HUNOLD P.	»	JOURDAN L.	»	LAGRIFFOUL Alex.	»
HUSSON J.	»	JOUGOUNOUX F.	»	LAGRIFFOUL Alf.	»
HUTIN J.	»	JOURJON J.	»	LAGUENS L.	caporal
HYVET M.	caporal	JOUTY P.	»	LAIGLE M.	2° cl.
		JOUVAL A.	»	LAISSUS Z.	»
IFFRIG A.	2° cl.	JOUVE H.	»	LALECHÈRE Fr.	caporal
IMART L.	»	JOUVEAU J.	»	LALLE H.	2° cl.
IMBERT J.	»	JOY F.	»	LALLIARD F.	»
ISAAC L.	adjud.	JUGE P.	»	LALLIAS A.	»
ITHIER P.	2° cl.	JULLARD A.	sergent	LALUQUE P.	»
		JUILLARD P.	2° cl.	LAMAGNÈRE Val.	»
JABOUIN A.	2° cl.	JUILLET Jules	»	LAMBERT Aug.	»
JACOB A.	»	JUILLET J.-M.	»	LAMBERT Et.	caporal
JACQUEMOT J.	»	JULIEN A.-P.	»	LAMBERTIN P.	2° cl.
JACQUES A.	»	JULIEN J.	»	LAMBERTON P.	»
JACQUET A.	»	JULIEN Jovit	»	LAMBRESSAND L.	»
JACQUET H.	»	JULIEN-BINARD J.	»	LAMENAC L.	»
JACQUIER A.	»	JULLIAN Jean	»	LAMMA J.	»
JACQUIER N.	»	JULLIAN J.-E.	»	LANAT H.	»
JACQUIER P.	»	JULLIAN M.	»	LANCARD E.	»
JACQUOT L.	»	JULLIEN J.	»	LANCOUX J.	»
JACQUY A.	»	JULLIEN L.	»	LANGE F.	»
JAFFARD J.	»	JURIPEY L.	»	LANGLET Ch.	cap.-f.
JALIER J.	sergent	JURY R.	»	LANGLET J.	caporal
JALINOUX F.	2° cl.	JUSTAMOND H.	»	LANGLOIS U.	»
JALON L.	»	JUSTON L.	»	LAPLACE A.	2° cl.
JAMAIN F.	»	JUVIN L.	sergent	LAPLACE J.	»
JAMEN B.	»			LAPRADE R.	sergent
JAMET A.	caporal	KESSLER M.	2° cl.	LARACHE L.	2° cl.
JAMETTON L.	caporal	KOEHL J.	»	LARBEAU P.	»
JANET M.	2° cl.	KOPFF R.	»	LARDIERI J.	»
JANET-MAITRE P.	»	KRESER P.	»	LARGERON E.	»
JANIN J.	»			LAROCHE L.	»
JAPPEL E.	»	LABE F.	2° cl.	LARUE A.	»
JARDET F.	»	LABOURIER M.	»	LARRAS B.	»
JARS J.	»	LABOURIER M.-E.	»	LAS P.	»
JAUBERT Ch.	»	LABRO J.	»	LASFARGUES J.	»
JAUBERT E.	»	LABRY P.	»	LASFARGUES L.	caporal
JAUFFRET P.	»	LACHAL M.	»	LASJAUNIAS A.	2° cl.
JAY H.	»	LACHANNY P.	»	LASSAIGNE B.	»
JAYET J.	»	LACOMBE J.	»	LASSALLES P.	»
JEAN E.	»	LACOSTE P.	sergent	LASSARA M.	»
JEAN-CHABRAN C.	»	LACOUR M.	2° cl.	LASSOLY Cl.	»
JEANDET A.	»	LACROIX C.-M.	»	LATTA Cl.	»
JEANJEAN F.	»	LACROIX Claudius	»	LATTARD Jean	»
JEANSON F.	»	LACROIX Jean	»	LATTARD Joseph	»

<table>
<tr><td>LATTARD L.</td><td>2^e cl.</td><td>LESCURE Jean</td><td>2^e cl.</td><td>MANUEL J.</td><td>2^e cl.</td></tr>
</table>

LATTARD L.	2ᵉ cl.	LESCURE Jean	2ᵉ cl.	MANUEL J.	2ᵉ cl.
LAUG.ER Eug.	»	LESPINASSE P.	»	MARAND L.	»
LAUNAY R.	»	LESTRADE '.	sergent	MARCEL C.	»
LAURANCEAU L.	»	LEVASSEUR S.	2ᵉ cl.	MARCEL S.	»
LAURENCE Ch.	»	LEVÊQUE M.	»	MARCHAND Jean	»
LAURENCIN J.	»	LEVIET J.	»	MARCHAND Joseph	»
LAURENT Ed.	sergent	LEVRAT F.	caporal	MARCHAND M.	1ʳᵉ cl.
LAURENT F.-C.	caporal	LÉVY J.	2ᵉ cl.	MARCHIER E.	2ᵉ cl.
LAURENT F.	2ᵉ cl.	LÉRY P.	»	MARIOZ H.	»
LAURENT Jean	caporal	LEYRE M.	»	MARDON A.	»
LAURENT Joannès	2ᵉ cl.	LEYRIS A.	»	MARDUELIE Cl.	»
LAURENT M.	»	LEZARD Bap.	»	MARÉCHAL A.	»
LAURENS G.	»	LEZARD B.	»	MARÉCHET J.	»
LAURENS M.	»	L'HÉRITIER L.	»	MARGAND E.	sergent
LAURIER L.	»	LIANDRAT L.	»	MARGRETH M.	»
LAURON Ferd.	»	LIÈVRE P.	»	MARGUIN J.	2ᵉ cl.
LAUTIER F.	»	LIGEON J.	caporal	MARIAGE L.	sergent
LAUTISSIER Et.	»	LIGNON J.	2ᵉ cl.	MARIDET A.	2ᵉ cl.
LAUVERNIER A.	»	LIMBOURG R.	»	MARILLET L.	»
LAVAL V.	»	LIOBARD J.	1ʳᵉ cl.	MARION E.	»
LAVERGNE Aug.	»	LIOBARD L.	2ᵉ cl.	MARJARY J.	»
LAVILLAT Jos.	»	LISSARD H.	»	MARMET J.	»
LAVIS L.	»	LLAHI J.	»	MARMONIER J.	caporal
LAZARE A.	»	LUCCOBORLERA M.	»	MARMONIER Joseph	2ᵉ cl.
LAZIAS F.	»	LUCE J.-B.	»	MARMONIER P.	»
LEBARD F.	»	LUCIANI P.	sergent	MARONNIER E.	»
LE BARON G.	»	LUC P.	2ᵉ cl.	MAROURE F.	»
LE BOURDON V.	»	LUCCIONI P.	sergent	MARREL J.	»
LEBRAT Ch.	»			MARSEILLE P.	»
LEBRETTON P.	caporal	MABBOUX P.	2ᵉ cl.	MARTEL E.	»
LEBREUX L.	2ᵉ cl.	MABBOUX J.	»	MARTEL J.	»
LEBRUN G.	sergent	MABE P.	»	MARTIGNE M.	»
LECHÈRE T.	2ᵉ cl.	MABILLON E.	»	MARTIN Cl.	»
LECOIN J.	»	MACH A.	caporal	MARTIN H.	»
LECOURT E.	»	MACHON E.	2ᵉ cl.	MARTIN Jacques	»
LE DU F.	»	MADICROS I.	»	MARTIN J.-M.	»
LEFÈVRE F.	»	MAGAT G.	»	MARTIN Joseph	»
LE GAC J.-M.	»	MAGAUD L.	»	MARTIN J.-A.	»
LE GALE J.	»	MAGGIA L.	adjud.	MARTIN J.-J.	»
LÉGER A.	»	MAGNAN J.	2ᵉ cl.	MARTIN L.	»
LÉGER Emm.	caporal	MAGNANON A.	»	MARTIN Marius	»
LÉGER J.	2ᵉ cl.	MAGNIEN J.	»	MARTIN Martin	»
LE GUEN J.	caporal	MAGNIN E.	sergent	MARTIN Pierre	»
LEHNER H.	2ᵉ cl.	MAGNIN L.	2ᵉ cl.	MARTIN-MOREL P.	sergent
LELLOUCHE E.	»	MAGNY H.	caporal	MARTINANT J.	caporal
LELY J.	»	MAHÉ P.	2ᵉ cl.	MARTINEAU P.	2ᵉ cl.
LE MÉLINAIDRE J.	»	MAISSA J.	»	MARTINET J.	»
LE MÈNE J.	»	MAILLET Alf.	»	MARTINON G.	sergent
LE MEUNIER J.	»	MAILLER B.	»	MARTY Ch.	caporal
LENCROZ P.	»	MAINNEMAN J.	»	MARTY J.	2ᵉ cl.
LENGÈLE P.	caporal	MAISE J.	sergent	MARULLAZ C.	»
LE NORMAND Alp.	2ᵉ cl.	MALLEIX J.	caporal	MARZAT F.	»
LEPAIX L.	»	MALLIFAUD P.	2ᵉ cl.	MAS Alf.	caporal
LEPLAT Y.	»	MALPAS P.	»	MAS M.	2ᵉ cl.
LEPRINCE A.	caporal	MALPERTUIS J.	»	MASSAT A.	»
LERINAY A.	2ᵉ cl.	MALOZ Ed.	»	MASSON F.	»
LERIS G.	»	MANAUT Ed.	»	MASSOT A.	»
LERISSEL P.	»	MANIGAUD J.	caporal	MASSY Ph.	sergent
LE RAUZIE L.	»	MANIGUET Ed.	»	MATHELIN J.	caporal
LEROY V.	»	MANIN P.	2ᵉ cl.	MATLEX J.	2ᵉ cl.
LERUTIER G.	»	MANIOU G.	»	MATHIAS Ch.	»
LESCOMBES P.	»	MANON Alf.	»	MATHIEU G.	»
LESCURE Jacques	»	MANON Cl.	»	MATHIS L.	»

Nom	Grade	Nom	Grade	Nom	Grade
MATHON Cl.	2e cl.	MIELLE E.	2e cl.	MOREL Jean-Jules	2e cl.
MATTANT J.	»	MIGNOT A.	caporal	MOREL Joseph	»
MATTASOGLIO J.	»	MILLET J.	2e cl.	MOREL Jules	sergent
MAUGER B.	»	MILLIAT H.	»	MORELIERAS H.	2e cl.
MAUREUIL J.	»	MILLIÈS J.	aspir.	MORETON J.	»
MAURON S.	»	MILLION A.	2e cl.	MORFIN F.	»
MAYENCON J.	»	MINOT A.	»	MORFIN H.	»
MAYENCON P.	sergent	MIOUX H.	»	MORIN J.	»
MAYER E.	»	MISPOULET J.	»	MORIN F.	»
MAYET P.	2e cl.	MOACHON J.	»	MORVILLIERS F.	»
MAZAUD P.	»	MOGE J.	»	MORVAN P.	»
MAZET E.	»	MOGNIAT H.	»	MOTTAZ L.	caporal
MAZET G.	caporal	MOGNIAT J.	caporal	MOULIÈRES A.	sergent
MAZURIER H.	2e cl.	MOGNOTTE F.	sergent	MOULIN E.	2e cl.
MÉALLIER P.	»	MOINE P.	2e cl.	MOUNARD J.	»
MÈGE L.	caporal	MOIREN Ch.	»	MOUNIER E.	»
MEGLIA J.	2e cl.	MOIRIAT P.	»	MOUNIER J.	»
MEILHEURET	1e cl.	MOIROUD Th.	caporal	MOURARET H.	»
MEILLEUR E.	2e cl.	MOISSONE E.	2e cl.	MOURET P.	»
MEISSONNET M.	»	MOIZAN L.	»	MOURIER L.	»
MELLARÈDE F.	»	MOLLARD A.	»	MOURIN J.	»
MENDOUZE J.	»	MOLLARD J.	»	MOUSSET B.	»
MENEBIEUF Cl.	»	MOLLARD P.	»	MOUSSEY L.	»
MENTHAZ-BERTON V.	»	MOLLARET F.	sergent	MOUTERDE J.	cap.-f.
MENU P.-A.	»	MOLLEIX J.	caporal	MOUTHE J.	2e cl.
MENUT J.	»	MONIADE J.	2e cl.	MOUTON Cl.	»
MEOUVE G.	caporal	MONCORGÉ Cl.	»	MOUTON J.	»
MERAUD J.	2e cl.	MONDION E.	»	MOUTON P.	»
MERCIER E.	»	MONHOUX A.	»	MOYNE J.	»
MERCIER F.	»	MONGELLAZ M.	»	MOYROUD Al.	caporal
MERCIER L.	»	MONIN J.	»	MOYROUD M.	2e cl.
MERCUEL L.	»	MONIN J.-A.	»	MUGNIER D.	»
MERENDET J.	»	MONNAUD A.	»	MULLAT A.	»
MERLE A.	»	MONNET L.	caporal	MULOT L.	caporal
MERLE Jacques	»	MONNIER M.	adjud.	MURAZ J.	2e cl.
MERLE Jean	aspir.	MONNOT Cl.	sergent	MURETIN L.	»
MERLEY A.	caporal	MONS J.	2e cl.	MURTIN E.	»
MERLIN A.	2e cl.	MONSARRAT H.	»	MUTHERON J.	»
MERLIN J.	»	MONTADE E.	»	MYT J.	»
MERMET R.	»	MONTAUBRIC J.	»		
MÉRY M.	»	MONTBERT A.	»	NAISSON P.	2e cl.
MESSIOSSE E.	»	MONTEIL A.	»	NARBAUD J.	»
MESOT F.	»	MONTEILLER J.	»	NARBOUX J.	»
METRAL P.	»	MONTÉLIMAR L.	»	NARDIT Cl.	»
MEUNIER F.	»	MONTERYMARD P.	»	NARDY-LAMER J.	»
MEYGRET G.	»	MONTGOLFIER (de) P.	caporal	NAYRAND A.	»
MEYNIER L.	»	MONTIEUX E.	2e cl.	NEGRE E.	»
MEYNIER J.	caporal	MONTMAIN J.	»	NETIEU Cl.	»
MEYZONNAL J.	2e cl.	MONTMASION E.	»	NEUVECELLE E.	»
MICCIO A.	»	MONTOB F.	»	NEYRANT M.	»
MICHALAT J.	»	MONTPÉROUX J.	»	NEYRET A.	»
MICHALON A.	»	MONTSERAT P.	»	NEYRET Ch.	»
MICHAUD L.	»	MONTEZ H.	»	NEYRET J.	»
MICHEL A.	»	MORAND Th.	»	NEYROD I.	»
MICHEL Cl.	cap.-f.	MORAND X.	sergent	NICOLAS A.	»
MICHEL J.	2e cl.	MORARD J.	2e cl.	NICOLAS P.	»
MICHEL L.	»	MOREAU B.	»	NICOLLET Cl.	»
MICHON F.	»	MOREL Adrien	»	NIGOLLET G.	»
MICHOUD F.	»	MOREL Alb.	»	NICOUD L.	»
MICLO M.	»	MOREL Aug.	»	NIVERT J.	»
MICOL Cl.	»	MOREL F.	»	NIVERT Cl.	»
MICOULOUD A.	»	MOREL H.	»	NOGIER Cl.	»
MIEGE Cl.	»	MOREL J.-H.	»	NOGIER J.	»

NOËL Eug.	2° cl.	PASSERA E.	2° cl.	PERRIN L.	2° cl.
NOËL L.	caporal	PASSERA L.	»	PERRIN P.	»
NOËL M.	2° cl.	PASTRE F.	»	PERROT H.	»
NOËL-BARROIS A.	caporal	PATHORET A.	»	PERROUD A.	»
NOIREL L.	2° cl.	PATOT L.	»	PERTUIS C.	»
NOLIN J.	sergent	PATRICE J.	»	PESQUÉ B.	»
NORE Ch.	2° cl.	PATUREL A.	»	PETEAU E.	»
NORRET V.	»	PAUL F.	»	PETIT F.	»
NOUGIER F.	»	PAULET R.	»	PETIT J.	»
NOUGIER G.	»	PAVIET-GERMANOZ A.	caporal	PETIT Philippe	»
NOUVIAN M.	1° cl.	PAVON J.	2° cl.	PETIT Pierre	sergent
NOUZARET F.	2° cl.	PAYA P.	»	PETIT-GIRARD M.	2° cl.
NOVAT J.	»	PAYAN A.	»	PETREQUIN M.	»
NOYER G.	»	PAYAN Z.	sergent	PEURIÈRE P.	»
NOYARIE J.	»	PAYAUD M.	2° cl.	PEYAUD F.	»
NURY C.	»	PAYET Jacques	sergent	PEYRACHON Ch.	»
NURY J.	»	PAYET Joannès	2° cl.	PEYRARD H.	»
		PAYET-MAUGERON L.	caporal	PEYRARD P.	»
OBRECHT J.	2° cl.	PECLET J.	2° cl.	PEYRELIGHE J.	caporal
ODDOS M.	caporal	PEDRINI J.	caporal	PEYROL J.	2° cl.
ODET F.	2° cl.	PEILLIN J.	2° cl.	PEYRON J.	sergent
OGIER M.	»	PEJAUDIER E.	»	PEYRONNARD-PERROT A. cap.
OLIVIER J.	»	PELEGUY J.	»	PEYRONNET J.	2° cl.
OLLIER A.	»	PELLEGRIN E.	»	PEYSSON F.	sergent
OLLIER P.	»	PELLET A.	»	PHILIP M.	caporal
OLLIER Th.	»	PELLET J.	»	PHILIPPART R.	2° cl.
ORBAN A.	»	PELLET Marie	»	PHILIPPE A.	»
ORJOLLET A.	»	PELLET Maurice	caporal	PHILIPPE E.	»
ORJOLLET E.	»	PELLETIER L.	2° cl.	PIATTI F.	»
ORJOLLET P.	»	PELLETIER M.	»	PILIAROT P.	»
OTIIN F.	»	PELLOUX Ch.	»	PICARD L.	»
OURMIÈRES J.	»	PEQUAY J.	»	PICHAT E.	»
OZIER J.	»	PERAGUET J.	sergent	PICHAUD E.	»
OZOUF A.	»	PERDRIX P.	2° cl.	PICHON M.	»
		PEREL L.	»	PICHOUD M.	»
PACAUD N.	adjud.	PERENON J.	»	PICOLLET C.	caporal
PACAUD P.	2° cl.	PERENON R	»	PIEAU L.	2° cl.
PACCOT A.	»	PERIER E.	caporal	PIERRE V.	caporal
PAGES C.	»	PERIGEAT P.	2° cl.	PILLAUD J.	2° cl.
PAGNOUD L.	»	PERNET A.	»	PILLAUD P.	»
PAILLAC H.	»	PERNET G.	»	PILLOIX L.	»
PAIRE G.	»	PERON J.	»	PIMPIE J.	»
PALAYER G.	»	PERONNET F.	»	PINCHENET L.	»
PALLUY J.	»	PERONNET L.	»	PINET G.	caporal
PALMIER F.	»	PERRAUD E.	»	PIOLAT J.	2° cl.
PANNETIER F.	»	PERRAUD M.	»	PIOT J.	sergent
PANSIER A.	»	PERREARD L.	»	PIOT-PILOT A.	2° cl.
PAOLI A.	»	PERREAUD F.	»	PIPY F.	»
PAPILLON F.	»	PERRET G.	»	PIRODON R.	»
PAPIN A.	»	PERRET J.	serg.-m.	PIVAS P.	»
PAPIN J.	serg.-m.	PERRICHON Cl.	sergent	PIVON Ch.	»
PAQUEREAU A.	2° cl.	PERRICHON P.	2° cl.	PLANCHE J.	sergent
PAQUET J.	»	PERRICHOT J.	»	PLANCHER M.	2° cl.
PARASIE J.	»	PERRIER C.	»	PLANCHET F.	caporal
PARDON J.	»	PERRIER F.	»	PLANCHET P.	2° cl.
PARENT M.	»	PERRIER Laurent	»	PLANCHON H.	»
PARET E.	»	PERRIER Louis	»	PLANCHON J.	»
PARISY J.	caporal	PERRIER M.	»	PLANCKE-GUIBOUD F.	»
PARRAUD M.	»	PERRIN A.	»	PLANTEY R.	»
PARRIAT P.	2° cl.	PERRIN F.	»	PLATEL B.	»
PASCAL A.	»	PERRIN G.	caporal	PLICHE J.	adjud.
PASCAL M.	»	PERRIN Jean	2° cl.	POISAT H.	2° cl.
PASCAL J.	»	PERRIN Joanny	caporal	POIZAT A.	»

POMMIER J.	2e cl.	PUZIN A.	2e cl.	REVILLON G.	2e cl.
POLLET J.	»	PUZIN E.	»	REVIRON J.	»
POLLET C.	»			REVOIL F.	»
PONCET A.	»	QUEIREL J.	2e cl.	REVOL F.	»
PONCET C.	»	QUEMIN L.	»	REVOL H.	caporal
PONCET H.	»	QUENIN J.	»	REVOL L.	2e cl.
PONCET J.	»	QUIEVY A.	»	REVOYRE C.	»
PONCET V.	sergent	QUILICHINI J.	»	REY Elie	»
PONCIÉ R.	2e cl.	QUILLARD A.	»	REY Ernest	caporal
PONCIN E.	»	QUILLON M.	»	REY J.-P.	2e cl.
PONÇON J.	»	QUINSON J.	»	REY Jules	»
PONS A.	»	QUINSON R.	»	REY Julien	»
PON F.	»			REY Léon	»
PONTIER Antonin	»	RABASSE F.	2e cl.	REY L.-H.	»
PONTIER Auguste	»	RABATEL J.	»	REY Louis	»
PONTON L.	»	RABILLOUD A.	»	REY Lucien	»
POPON J.	»	RABILLOUD J.	cap.-f.	REY Pierre	»
POIRAL J.	»	RACINE J.	2e cl.	REY Pierre-Henri	»
PORTELANCE F.	caporal	RACLET L.	»	REY V.	»
POTY L.	2e cl.	RAFFARD J.	caporal	REGUERNIER I.	»
POUCHAIN F.	»	RAFFARD B.	2e cl.	REYMOND L.	»
POUJET A.	»	RAFFIN J.	»	REYNARD E.	serg.-m.
POUILLE H.	»	RAFFIN-PELOZ G.	»	REYNARD J.	2e cl.
POULAIN M.	»	RAGEYS F.	»	REYNAUD Alphonse	»
POULLEMARD L.	»	RAGOT P.	»	REYNAUD Aimé	»
POUPIN Th.	»	RAILLÈRE E.	»	REYNAUD Antoine	»
POURCHAVIE A.	»	RAJON A.	»	REYNAUD C.	»
POURTIER Adrien	»	RAJON L.	»	REYNAUD F.	»
POURTIER Amable	»	RAMADE L.	»	REYNAUD G.	»
PONTE V.	»	RAMBAUD J.	»	REYNAUD J.	»
POUZACHE E.	»	RAMEL J.	»	REYNAUD L.	»
POUZET A.	caporal	RANC L.	»	REYNAUD M.	»
PRADAL J.	2e cl.	RAUD M.	»	REYNAUD P.	»
PRADAT J.	»	RAUDOING G.	»	REYNAZ J.	»
PRADEILLES H.	»	RAVALET P.	»	REYNE E.	»
PRADIER L.	»	RAVIER A.	»	REYNIER A.	sergent
PRALON J.	»	RAVIER M.	»	REYNIER H.	»
PRAT J.	»	RAVIX M.	»	REYNIER J.	2e cl.
PREDAL G.	»	RAY F.	»	RIBOTTON M.	»
PREHAUD J.	»	RAYMOND A.	»	RIBOUD M.	»
PREVEL J.	»	RAYMOND E.	»	RICARD J.-L.	»
PREVOST J.	»	RAYNAL F.	adjud.	RICARD Jean	»
PREZEAU E.	»	REBOUD E.	2e cl.	RICAUD J.	»
PRIAZ P.	»	RECAPPE A.	caporal	RICHARD A.	caporal
PRIEUR A.	»	REDOUTE H.	2e cl.	RICHARD C.	2e cl.
PRINCE L.	serg.-m.	REGALDO F.	»	RICHARD J.	»
PRINGAULT A.	caporal	REGUILLON C.	»	RICHERD Cl.	»
PRONER J.	»	REISS L.	»	RICHERMOZ A.	adjud.
PROST J.	2e cl.	RELAVE E.	caporal	RIEUTORD F.	2e cl.
PRUDHOMME J.-M.	»	REMOND G.	2e cl.	RIFFARD A.	caporal
PRUDHOMME J.-P.	»	REMY R.	»	RIFFARD M.	2e cl.
PRUDHOMME J.	»	RENEVIER A.	»	RIGAL E.	»
PRUDHOMME M.	»	RENEVIER J.	»	RIGARD J.	»
PRUDHOMME P.	»	RESSICAUD A.	sergent	RIGOLI H.	»
PRUDHOMMEAU F.	»	RESSORT A.	2e cl.	RIGOLLIER L.	»
PUECH R.	»	RESSORT Y.	»	RIGOT H.	»
PUGNÈRE H.	»	RETHORNOZ E.	»	RIMAUD A.	»
PUISSANT P.	»	REVEL C.	»	RIMOUX C.	»
PUJOL Emile	caporal	REVELIN J.	»	RINGARD F.	»
PUJOL Emile	1e cl.	REVERDY J.	»	RIPPERT R.	»
PURAPET J.	»	REVET J.	»	RIVACLET B.	»
PUTOUD J.	»	REVIAL J.	»	RIVAL Cl.	»
PUYDEBOIS M.	caporal	REVIL S.	»	RIVATON J.	»

Nom	Grade	Nom	Grade	Nom	Grade
RIVE Th.	2e cl.	ROUCHON G.	2e cl.	SAINT-LÉGER G.	2e cl.
RIVET Elie	caporal	ROUGIER E.	»	SALINO A.	»
RIVIER Ch.	2e cl.	ROUMEAS P.	»	SALIQUE Cl.	»
RIVIER L.	»	ROUMEC J.	»	SALIQUE M.	»
RIVIER V.	»	ROUMEZY R.	»	SALMON R.	»
RIVIÈRE Cl.	»	ROURE J.-B.	»	SALOMÉ L.	»
RIVOIRE A.	»	ROURE J.-M.	»	SALOMON L.	caporal
RIVOIRE L.	»	ROURE J.	»	SALTEL L.	»
RIVOLIER J.	»	ROURE M.	»	SALVAN C.	2e cl.
ROBELLET J.	»	ROURESSOL H.	»	SALVIAT G.	»
ROBERT F.	»	ROUSSAIRE E.	»	SALZAC A.	»
ROBERT M.	»	ROUSSEAU H.	»	SAMBET M.	»
ROBERT L.	»	ROUSSEAU J.	»	SAMBRES A.	»
ROBERT-BACON F.	»	ROUSSEL H.	»	SANQUES F.	»
ROBIN F.	»	ROUSSET P.	»	SANTERRE P.	»
ROBIN F.-S.	»	ROUSSET-ROUSSETON J.	»	SANTONAX B.	»
ROBINET E.	»	ROUSSON J.	»	SANTONI M.	»
ROBLET F.	»	ROUX C.	»	SANTUCCI F.	»
ROBY J.	»	ROUX François	»	SAPPEY-GREPON J.	»
ROCHARD P.	»	ROUX Fr.-Aimé	»	SAQUELI E.	»
ROCHE C.	»	ROUX Fleury	sergent	SAQUET A.	»
ROCHE Jean	»	ROUX Henri	2e cl.	SARAILLON E.	»
ROCHE Joseph	»	ROUX Henri-Denis	»	SARAZIN R.	»
ROCHE L.	»	ROUX Jean	»	SARTEUR C.	»
ROCHE M.	»	ROUX Jos.-Const.	»	SARZIER L.	»
ROCHE Paul	»	ROUX Jos.-Emile	»	SASSOULAS A.	»
ROCHE Pierre	caporal	ROUX Jos.-Jean	»	SAUNIER J.	»
ROCHER Eloi	»	ROUX Jules	»	SAUNIER L.	»
ROCHER Emmanuel	sergent	ROUX L.	»	SAURAT L.	»
ROCHETTE G.	2e cl.	ROUX P.	sergent	SAUREL M.	»
ROCUET O.	sergent	ROUX R.	2e cl.	SAUSSAC M.	»
RODIER A.	2e cl.	ROUX V.	»	SAUSSE E.	caporal
ROGEMOND F.	»	ROUX-FOUILLET M.	»	SAUTON G.	2e cl.
ROLAND L.	caporal	ROUZAUD '.	»	SAUVIGNET H.	»
ROLANDO D.	2e cl.	ROY J.	»	SAUZE V.	»
ROLLAND H.	sergent	ROY P.	»	SAVIGNY F.	»
ROLLAND J.	2e cl.	ROYER J.	»	SAVOYE E.	caporal
ROLLAT L.	»	ROYET J.	»	SAVY J.	2e cl.
ROLLIN B.	»	ROYET J.-M.	»	SAX J.	caporal
ROMAGNY F.	»	ROZANI M.	»	SAZE L.	2e cl.
ROMARY L.	caporal	ROZAND F.	»	SCAGLIA P.	sergent
ROMATIER L.	2e cl.	ROZERON L.	sergent	SCHANEN E.	2e cl.
ROMEAS P.	»	RUAS M.	2e cl.	SCHWARTZ M.	sergent
ROMET L.	»	RUART R.	»	SÈBE J.	2e cl.
ROMEYER-DERBEYS F.	»	RUDANT F.	»	SEDAILLON F.	»
RONDEPIERRE C.	»	RUFFIER A.	»	SEDRAS L.	»
RONDEPIERRE J.	»	RUFFIER L.	»	SEGUY C.	»
RONDY C.	»	RULLIÈRE Cl.	»	SEIGLE M.	»
RONGEAU L.	»			SEIGLE F.	»
RONGIER L.	»	SABATHE E.	2e cl.	SEIGNOBOS A.	»
RONJAT P.	»	SABATIER F.	»	SEITIER J.	»
RONY M.	»	SABATIER L.	»	SERRÉ J.	»
ROQUEMAURE A.	»	SADDY J.	»	SERAYET J.	»
ROSA A.	»	SADOUX A.	»	SERAZIN J.	»
ROSE H.	»	SAGE J.	»	SERIN G.	»
ROSE M.	»	SAGNAND J.	»	SERMEPIN F.	»
ROSSET J.	»	SAGNES L.	»	SERMET J.	»
ROSSIGNOL E.	»	SAGOT M.	»	SERRA R.	caporal
ROSSILLON L.	»	SAILLANT E.	»	SERRE F.	2e cl.
ROSTAING Ch.	»	SAINTEYANT A.	»	SERRE L.	»
ROUAIROUX Ch.	»	SAINT-ANDRÉ F.	»	SERUSCLAT H.	»
ROUBY G.	»	SAINT-GENEZ J.	»	SETIER A.	»
ROUCH J.	»	SAINT-GENIS J.	caporal	SEUZARET M.	»

SERVANIN J.	2e cl.	SULPICE J.	2e cl.	THOMASSON E.	2e cl.
SERVANT T.	»	SURAND L.	caporal	THOMASSY J.	»
SERVE R.	»	SUSSAC J.	2e cl.	THONIN J.	sergent
SERVEL L.	»			THORENS J.	2e cl.
SERVETTOZ C.	»	TABARDON P.	2e cl.	THORY E.	»
SERVONNAT Cl.	»	TABERLET C.	»	THOUBILLON M.	»
SERVOZ F.	»	TACHON M.	»	THOUVENOT L.	»
SÈVE A.	»	TADDEI C.	»	THUIZAT N.	»
SEYVET M.	»	TALABARDON F.	»	TICON E.	»
SIBILLE C.	»	TAMAIN P.	»	TIGNEL J.	»
SIBILLE J.	»	TAMET M.	»	TIVEL A.	»
SICARD C.	»	TANCHON L.	»	TRACHET J.	»
SIDEL C.	»	TATOUX A.	»	TRACOL G.	»
SIFFRE J.	»	TAUPENAS F.	»	TRAISSARD J.	sergent
SIGAUD F.	»	TAVERNIER H	»	TRANCHAND J.	2e cl.
SIGOUDES M.	»	TAVIER L.	»	TRANCHAND P.	»
SILLAN L.	»	TEIL J.	»	TRANVAUX J.	»
SILLANS P.	»	TEILHOL V.	»	TRAVERSE P.	»
SIMI C.	»	TEILLON J.	»	TRAYNARD J.	»
SIMON Jean	»	TEISSEDRE A.	»	TREILLE L.	»
SIMON Joseph	»	TEMPLIER S.	»	TREIZAIN C.	»
SIMONARD J.	»	TERRASSON C.	»	TRELLU J.	»
SIMONI P.	»	TENDRON J.	»	TRÈS L.	»
SIMONIN P.	»	TERRA C.	»	TRESORIER M.	caporal
SIMONNOT A.	»	TERRACOL L.	»	TRIBOLLET F.	2e cl.
SINTUREL L.	sergent	TERRAS G.	»	TRINQUIER G.	»
SIRET J.	»	TERRAT B.	»	TROGNON A.	»
SIRET J.	2e cl	TERRIER F.	»	TRON E.	»
SIRGUE E.	»	TERRIER J.	»	TRONCHON C.	»
SOISSE E.	sergent	TERROT A.	»	TRONCY L.	»
SOITEL J.	2e cl.	TERNOZ-BAJAT C.	»	TROPEL L.	»
SOLLE A.	»	TESSIER M.	»	TROUEL P.	»
SOLLE J.	»	TESTARD C.	»	TROUILLIER E.	»
SOLLIER H.	caporal	TETAZ M.	»	TROULIER F.	»
SORREL R.	2e cl.	TETE C.	»	TRUCHET H.	»
SOTTON A.	»	TEYSSÈRE P.	»	TRUCHET J.	»
SOUBA B.	»	TEYSSERON L.	»	TRUEL A.	»
SOUBA L.	»	TEYSSIER J.	»	TORANT Th.	»
SOUBEYRAN J.	»	TEYSSIER S.	»	TORTEL J.	»
SOUBEYRAN M.	»	TEYSSONNEYRE P.	»	TOULET Ch.	»
SOUBEYRANT P.	»	THELY J.	»	TOULGEAT G.	»
SOUCARE J.	»	THEROUD M.	»	TOULOUSE G.	»
SOUCHE A.	»	THEOLET M.	adjud.	TOURASSE H.	»
SOUCHE L.	»	THÈVE L.	2e cl.	TOUCHE C.	»
SOUCHE V.	»	THEVENET C.	»	TOURNADRE J.	»
SOUCHON B.	»	THEVENON A.	»	TOURNASSAT J.	»
SOULHERT J.	»	THEVENON J.	»	TOURNIER Mathurin	»
SOULLIER M.	»	THEVENON R.	»	TOURNIER Michel	»
SOUMILLE A.	cap.-f.	THEZIER R.	»	TOURNIER P.	»
SOURISSEAU E.	2e cl.	THIBAUD A.	»	TOURNILHAS J.	»
SOUSTELLE L.	»	THIERCE A.	»	TOURTON B.	»
SOUTAYRIA J.	»	THIMEL M.	»	TOURY A.	»
SOUTERIN L.	»	THIMONIER C.	»	TOUSSAINT R.	»
SOUVESTRE G.	»	THIRARD F.	»	TURIES L.	»
SOUZY E.	»	THIVILLIER C.	»	TURQUI A.	»
SOYEZ L.	»	THIVOLLE F.	sergent	TURREL J.	»
SPAGNOLO J.	»	THOLOMET C.	2e cl.	TURTSCHER H.	»
STANGUENNEC J.	»	THOMAS A.	»		
SUBTIL J.	»	THOMAS Jean	»	UGUEN F.	2e cl.
SUDRIC J.	»	THOMAS Joseph-A.	»		
SUEL A.	»	THOMAS Jos.-E.	»	VACHER E.	2e cl.
SUEL P.	»	THOMAS Jos.-L.	»	VACHER Louis	»
SULPICE Ch.	»	THOMASSET P.	»	VACHER Louis-J.	»

VACHERON J.	2ᵉ cl.	VEROLLET J.	sergent	VILLARD Ph.	2ᵉ cl.		
VACHIER J.	caporal	VERON F.	2ᵉ cl.	VILLE E.	»		
VACHIEZ C.	sergent	VEROT P.	»	VILLEDIEU A.	aspir.		
VACHON P.	2ᵉ cl.	VERRAT-DUREBEX J.	»	VILLIOT E.	caporal		
VAGANAY L.	sergent	VERRIER Justin	»	VILOTTE L.	2ᵉ cl.		
VAGANAY V.	serg.-f.	VERRIER R.	»	VINCENT E.	»		
VAGNARD P.	2ᵉ cl.	VERSAY H.	»	VINCENT J.	caporal		
VALANCONY P.	»	VERY A.	»	VINCENT F.	2ᵉ cl.		
VALDEYRON R.	»	VERY P.	»	VINCENT M.	»		
VALENTIN G.	»	VESPERINI N.	»	VINCENT M.-E.	»		
VALENTIN J.	»	VESTIZON H.	aspir.	VINCENT Paul	»		
VALENTIN Th.	»	VEY Régis	2ᵉ cl.	VINCENT Pierre	sergent		
VALETTE G.	»	VEYRE A.	»	VINCENT V.	2ᵉ cl.		
VALETTE J.	»	VEYRET V.	»	VINCETTI E.	»		
VALETTE L.	»	VEYRON J.	caporal	VINET A.	»		
VALIÈRE A.	»	VIAL C.	2ᵉ cl.	VINET J.	»		
VALIN L.	»	VIAL G.	»	VINTON C.	»		
VALIN P.	»	VIAL V.	»	VION M.	adjud.		
VALLA J.	»	VIALE C.	»	VIONNET-PUASSET M.	2ᵉ cl.		
VALLET P.	»	VIALETTE L.	»	VIOU J.	»		
VALLIER P.	»	VIALETTE P.	»	VIRIEUX J.	»		
VAN DOREN E.	sergent	VIALLET Firmin	»	VITALI L.	»		
VANNIER S.	2ᵉ cl.	VIALLET Ferd.	»	VITET J.	»		
VARREL M.	»	VIALLET Fr.	»	VITOZ H.	adjud.		
VARRIERAS A.	»	VIALLET Fr.-E.	»	VIVAT H.	2ᵉ cl.		
VARVIER J.	»	VIALLET Laurent	»	VIVET A.	»		
VASSEL M.	»	VIALLET Léon	»	VIVIAN A.	»		
VAYEN H.	»	VIALLET M.	»	VIVIER F.	»		
VAYSSE G.	»	VIALLETON P.	»	VIVIERI S.	»		
VEBRE E.	»	VILBERT Ch.	»	VOIRON E.	»		
VEDIÉ A.	»	VICARD J.	»	VOLÈS J.	»		
VENET P.	»	VICHARD J.	»	VOLLE A.	»		
VERCHÈRE J.	»	VIDAL E.	»	VOLLE J.	»		
VERCHERIN A.	caporal	VIDAL G.	»	VOLLE L.	»		
VERDAN E.	2ᵉ cl.	VIDAL J.	adjud.	VOLLE R.	aspir.		
VERDIER H.	»	VIDON R.	»	VOUILLON J.	2ᵉ cl.		
VERET M.	caporal	VIDONNE J.	2ᵉ cl.	VUILLERME J.	»		
VERGÉ H.	2ᵉ cl.	VIGER Ch.	»	VUILLERMOZ I.	»		
VERGÉ J.	»	VIGIER L.	»				
VERGNE L.	»	VIGNAUD C.	»	WATY Ovide	2ᵉ cl.		
VERGNON R.	caporal	VIGNE A.	»	WASSERSCHEID A.	sergent		
VERILHAC P.	2ᵉ cl.	VIGOUROUX J.	sergent	WIEDERHIRN J.	2ᵉ cl.		
VERMARE J.	»	VILLAND E.	2ᵉ cl.				
VERNAY Jean	»	VILLARD A.	»	XAVIER L.	2ᵉ cl.		
VERNAY Jules	adj.-ch.	VILLARD F.	»				
VERN P.	2ᵉ cl.	VILLARD J.	»	YVRAI H.	caporal		
VERNE M.	caporal	VILLARD M.	»				
VERNET G.	2ᵉ cl.	VILLARD Paul	»	ZALLIO J.-B.	sergent		

TABLEAU NUMÉRIQUE

DES MILITAIRES DU 99ᵉ RÉGIMENT D'INFANTERIE

TOMBÉS AU CHAMP D'HONNEUR

1914 - 1918

Lieutenants-Colonels	2
Chefs de Bataillon	4
Capitaines	13
Lieutenants	26
Sous-Lieutenants	43
Adjudants-Chefs	3
Adjudants	29
Aspirants	13
Sergents-Majors	5
Sergents-Fourriers	8
Sergents	157
Caporaux-Fourriers	7
Caporaux	225
Soldats de 1ʳᵉ classe	10
Soldats de 2ᵉ classe	2.656

Total général 3.201

LISTE

DES COLONELS ET CHEFS DE DEMI-BRIGADE

Royal Deux-Ponts, 99ᵉ de Ligne et 99ᵉˢ Demi-Brigades

BARON DE GLOZEN	1757-1765		DE PREZ	1791-1792
DE SAINT-IMBRECHT	1765-1766		WISCH	1792-1793
BARON DE BERGH	1766-1772		LAFONS	1793-1794
MARQUIS ᴅᴇ DEUX-PONTS	1772-1788		PETIT	1794-1796
BARON DE WURMSER	1788-1791			

24ᵉ Demi-Brigade Légère

FEREY 1796-1803

24ᵉ Léger

MARION	1803-1805		BARON BERTRAND	1840-1848
POURAILLY	1805-1810		MANSELON	1848-1852
DE BELAIR	1810-1813		GONDALLIER DE TUGNY	1852-1855
PLAZANET	1813-1814			

99ᵉ Régiment d'Infanterie

GONDALLIER DE TUGNY	1855-1859		ANGLADE	1898-1905
LHERILLER	1859-1863		BARET	1905-1907
DE SAINT-HILAIRE	1863-1870		BRANLIÈRE	1907-1911
GOUZIL	1870-1878		HAMON	1911-1914
SWINEY	1878-1879		MARTINET, lieut.-colonel	1914
DE CORN	1879-1887		ARBEY —	1914
BLANCHET	1887-1888		MARTY —	1914-1915
MALAPER	1888-1893		ROUSSELON —	1915-1916
PLUNKETT	1893-1898		BORNE —	1916

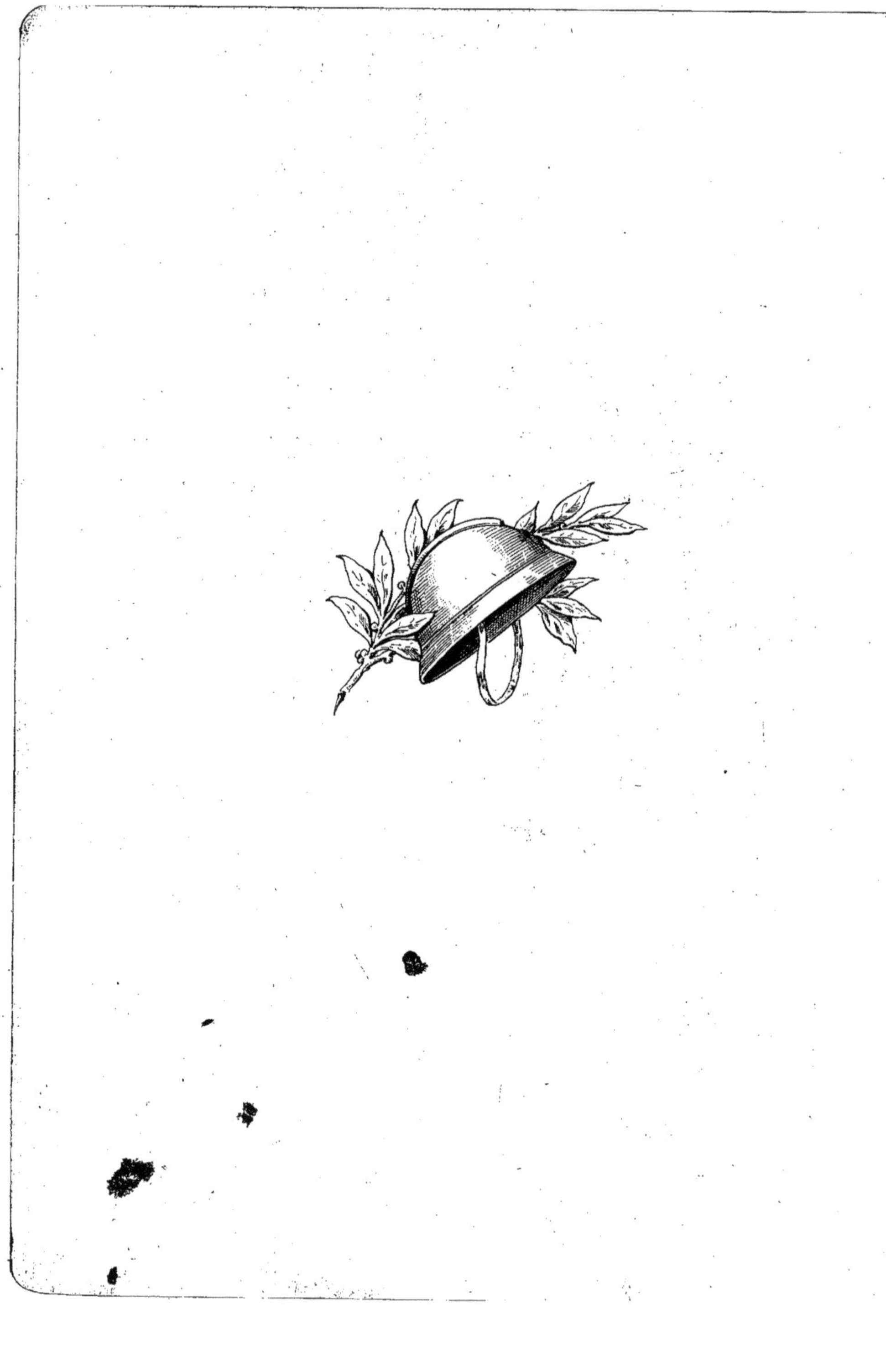

OFFICIERS MORTS AU CHAMP D'HONNEUR

Com. Fourquet — Lt C^el Arbey — Lt C^el Martinet — Com. Gaulier

Cap. Aurran — Cap. Aval — Cap. Berger — Cap. Fontan — Cap. Furtin

Cap. Olchanski — Com. Hudry — Com. Soubeyrand — Cap. Orsini

Cap. Vernet — Lt Barles — Cap. Raymbut — Lt Borcier — Lt Champagnac

L¹ Charles
L¹ Depierre
L¹ Cornand
L¹ Dupasquier
L¹ Gallin
L¹ Grancourt
L¹ Jacquemin
L¹ Jeanny
L¹ Gabarelli
L¹ Gaumand
L¹ Meygret-Collet
L¹ Rauscheck
L¹ Peyrassol
L¹ De Travernay
L¹ Robin
L¹ Rougon-Quéyrel
S¹-L¹ D'Aviau de Ternay
S¹-L¹ Bernard
S¹-L¹ Brun

S-Lt Defournel
S-Lt Fangeat
S-Lt Garrier
S-Lt Faugier
S-Lt Fondimare
S-Lt Guérin
S-Lt Le Guern
S-Lt Guérard
S-Lt Goudin
S-Lt Marinel
S-Lt Mario
S-Lt Mayoux
S-Lt Meyer
S-Lt Priez
S-Lt Sogno
S-Lt Raymond
S-Lt Roudet
S-Lt Souchier
S-Lt Vincent
S-Lt Wehrlé

Colonel Hamon
Tué comme la 81e brig.
Général Marty
Com. Bonnot
L.-C. Nattyel
L.-C. Du Puy-Marsolies
Dr Badens
Com. Bret
Com. Castanole
Com. Siol
Com. Mastio
Com. Langrune
Com. Varvier
Com. Petitpas
Cap. Baud
Cap. Bondon
Cap. Brun

Cap. Chigard
Cap. Falconnet
Cap. Faure
Cap. Delousta
Cap. Florentin
Cap. Imbert
Cap. Lefèvre
Cap. Levrault
Cap. Lhomme
Cap. Prachon
Tué au 136e R. I.
Cap. Mariotti
Cap. Meyer
Cap. Moreau
Cap. De Marloye
Cap. Perret
Cap. Nury Claude
Cap. Nury Hippolyte
Cap. Piastri
Cap. Pinçon
Cap. Prat

Cap. Thomas
Cap. Savigny
Cap. Vallade
Lᵗ Achard
Lᵗ Aribaud
Balestra
Lᵗ Basset
Lᵗ Berthye
Lᵗ Bertrand
Lᵗ Besset
Lᵗ Blanc
Lᵗ Borel
Lᵗ Bullion
Lᵗ Bories
Lᵗ Charmasson
Lᵗ Charbotel
Lᵗ Chevry
Lᵗ Clito
Lᵗ Cuelbes

L' Dérat
L' Dubois
L' Deville
L' Ducroux
L' Dumas
L' Fleurance
L' Forest
L' Fournier
L' Gaillard
L' Garel
L' Guyot
L' Joly
L' Jossaud
L' Jullien
L' Lambert

Lᵗ Lejeune
Lᵗ Mahieu
Lᵗ Margerii
Lᵗ Matton
Lᵗ Maurand
Lᵗ Méger
Lᵗ Mignot
Lᵗ Morel
Lᵗ Moresiin
Lᵗ Monnier
Lᵗ Rage
Lᵗ Ragot
Lᵗ Ravei
Parrachon
Lᵗ Sabaiy
Lᵗ Reynes
Lᵗ Roche
Lᵗ Sage
Lᵗ Salomon
Lᵗ Sabineu

OFFICIERS DU 99ᵉ

St-Lt Ringuelet
St-Lt Sauze
St-Lt Tartavez
St-Lt Pradier
St-Lt Noé
St-Lt Thomas
Chef de musique July
Médecin-major Ducurtil
Médecin-major Belbèze
Médecin-major Gabriault
Médecin major Boulsson
Méd. aide-maj. de Saint-Rapt
Médecin aide-major Blanc-Perducet
Médecin aide major Mayoud
Méd. aide-major Vernet
Vétérinaire Courios
Pharm. aide-major David

TABLE